KB273536

Self-made Stationery

Kazumi Udagawa

"일상이 즐거워지는

팬시용품 만들기

감사의 마음을 전하고 싶으세요?

간단한 말 대신 시간과 정성을 들여

내 손으로 메세지 카드를 만들어 보내면 어떨까요?

나의 소중한 사람에게

손수 만든 귀여운 팬시용품으로 마음을 전해 보세요.

손수 만들어 마음을 전해 보세요.

"고마워요!"

말로 하기는 참 쉽습니다.

그런데 그 뜻이 제대로 전해질까요?

내 마음을 좀 더 깊이 전할 방법은 없을까요?

그래서 생각해 보았습니다.

손수 편지지를 만들어 내 진심을 담아보면 어떨까 하고요.

받는 이를 생각하며

시간과 정성을 들여 하나하나 만들면

내 진심이 더 잘 전달될 거예요.

거기에 모양까지 예쁘다면 더없이 좋겠지요?

이제부터 소개할 팬시용품은

쉬운 말 대신 내 마음을 전해줄 사랑스러운 전령들이랍니다.

품을 조금만 들이면 누구나 만들 수 있으니

꼭 도전해 보세요.

가위

재료를 자를 때는 가위를 사용하는 것이 좋아요.

핑킹가위

지그재그 모양으로 자를 수 있는 가위예요. 종이 전용 가위가 사용하기 좋아요.

커터 칼

복잡한 모양을 자를 때는 칼이 편리해요. 또 세심한 작업에 빠질 수 없는 도구랍니다.

재단판(커팅 매트)

커터 칼을 쓸 때 꼭 필요하고, 크기가 클수록 좋아요.

펀치

종이에 구멍을 뚫을 때 사용해요. 2공 펀치가 주류를 이루지만, 1공 펀치가 편리할 때도 많아요.

송곳

작은 구멍을 뚫을 때도 쓰고, 자국을 낼 때도 써요.

스테이플러

종이를 고정할 때 사용하면 풀이나 셀로판테이프보다 편리하니 꼭 챙기세요.

멘딩 테이프

셀로판테이프보다 깨끗하게 잘라져요. 이 특성을 활용해서 이야기책도 만들어 보았답니다.

양면테이프

풀보다 쓰기 편해서 종이를 붙일 때는 양면테이프를 써요.

종이

편지지나 다양한 색깔의 켄트지, 도화지 등 여러 가지 종이를 준비하세요.

판지

판지는 상자를 만들 때 주로 사용해요. 평소에 포장용 상자를 버리지 말고 모아두면 도움이 돼요.

상자

막상 필요할 때 눈에 잘 띄지 않는 것이 빈 상자예요. 평소에 챙겨두면 편리해요.

엽서

전람회나 여행지에서 구입한 엽서도 좋고, 거리에서 홍보용으로 배포하는 광고 엽서도 좋아요.

제본테이프

표면이 가공되어 아주 튼튼해요. 장식이나 보강용으로도 쓸 수 있어요.

자수실

이 책에서는 세 종류의 자수실을 이용해 끈을 만들었어요. 원하는 색깔로 여러 가지 끈을 만들어 보세요.

리본

여러 기법으로 묶어 붙여 주면 훌륭한 장식품이 돼요. 몇 개쯤 준비해두면 좋아요.

레이스페이퍼

붙이기만 해도 분위기가 달라져요. 종류도 아주 다양하답니다.

스탬프

살짝 눌러주면 장식 효과가 그만이지요. 다양한 스탬프를 활용해 보세요.

아일렛펀치

구멍을 뚫어 금속 고리를 박아 넣는 기구예요. 금속 고리를 박았을 뿐인데도 느낌은 매우 달라져요.

점선 커터

절취선을 넣는 도구예요. 종이를 '따다닥'하고 쉽게 뜯어낼 수 있어요. 이 책에서는 '절취선 카드(p.45)'에서 활용해 보았답니다.

봉투

봉투는 쓰임새가 다양하니 여러 가지 종류를 준비해 두세요. 다 쓴 봉투도 부분적으로 자르거나 뒤집어서 재활용할 수 있으니 그냥 버리지 마세요.

마스킹테이프

마스킹테이프는 종류가 많아요. 색깔도 다양하고 재질도 다양하지요. 크라프트지 느낌이 나는 테이프도 있으니 마음에 드는 것을 골라보세요.

Contents

Chapter *1*

선물하기 좋은 아이템

선물을 준비하고도 포장 때문에 고민한 적이 있으신가요?

정성이 깃든 포장은 정성껏 준비한 선물을 더욱 빛내 줍니다.

작은 물건을 선물할 때,

빌렸던 물건을 되돌려줄 때,

감사의 마음을 표현할 때,

내 손으로 하나하나 준비해 보세요.

사랑과 정성이 더욱 잘 전달될 거예요.

01

캐러멜 상자 트렁크

캐러멜이나 성냥 등이 담겨 있던 상자를 이용해서
작은 트렁크 모형을 만들었어요.
그 안에 작은 물건을 담아 보세요.
미니어처들은 신기하게도 너무 귀엽지 않나요?

Present Item

02

손바닥 소포

소포처럼 보이는 작은 상자예요.
포장한 종이를 벗기지 않아도 뚜껑을 열 수 있어요.
화려하게 땋은 끈은 손바닥 소포를
더욱 귀엽게 만들어주는 편리한 장식품이에요.

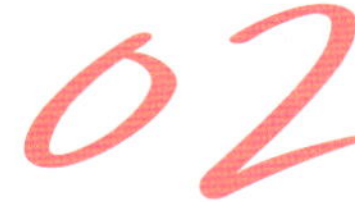

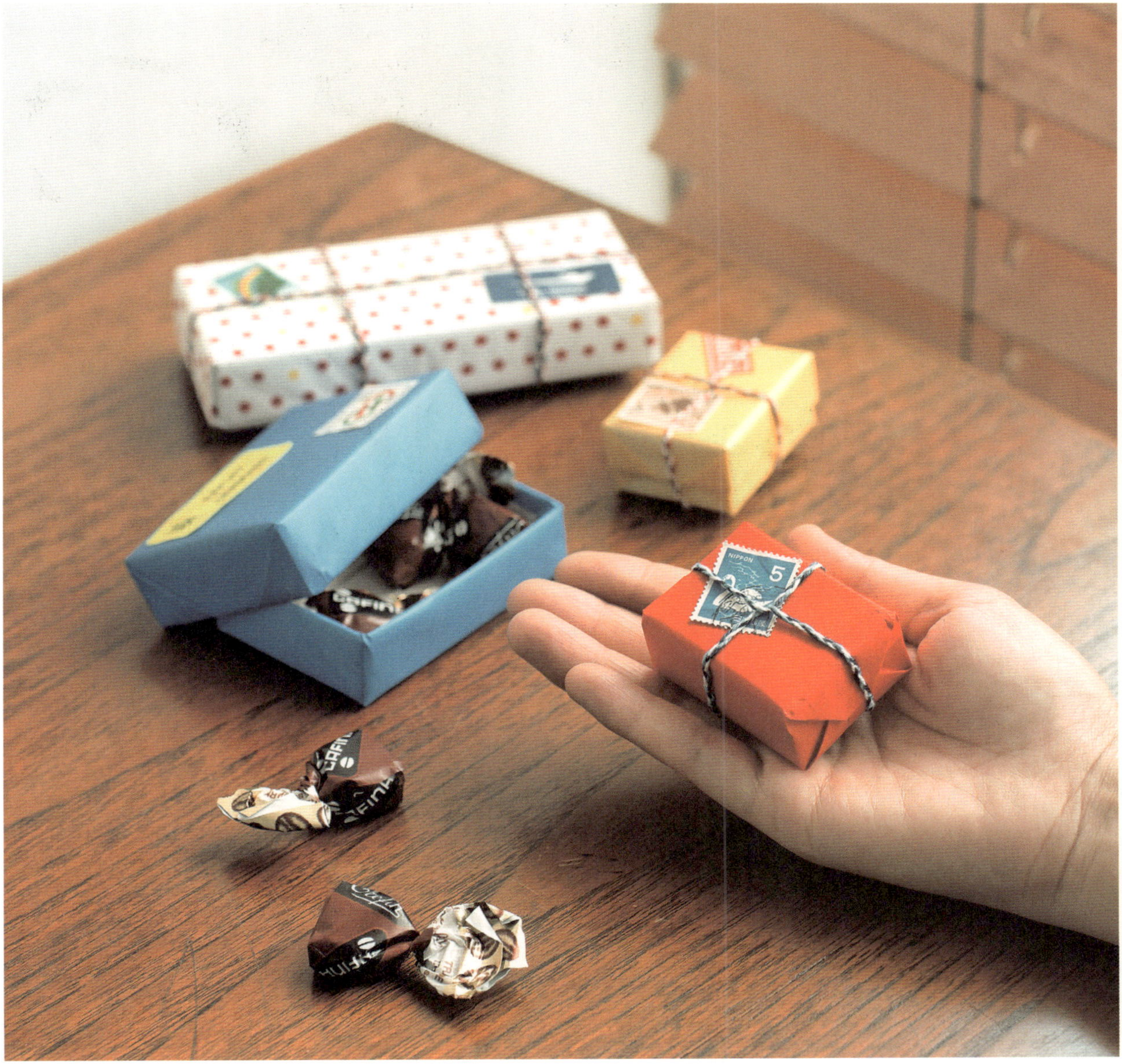

01

캐러멜 상자 트렁크

🐌 준비할 재료

캐러멜 상자 또는 성냥갑
색도화지 또는 무늬가 인쇄된 종이
제본테이프(폭 25mm)
양면테이프
가위

1

캐러멜 상자의 겉면에 양면테이프를 붙이고 색도화지로 감싸듯이 붙여요. 남은 종이는 상자의 폭에 맞춰 가위로 잘라내요.

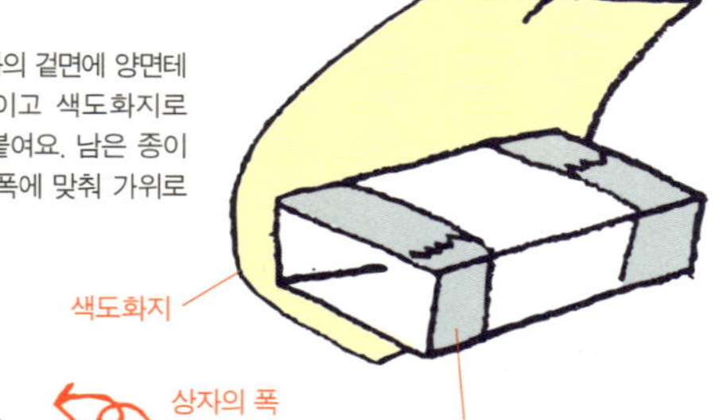

2

제본테이프를 그림과 같이 상자의 폭에 맞춰 사다리꼴로 잘라 네 귀퉁이에 붙여요.

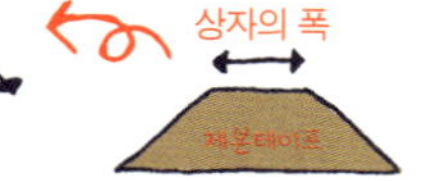

3

제본테이프를 상자의 긴 변보다 약 3cm 짧게 자르고, 다시 그림과 같이 오려요. A와 B를 겹쳐 붙여 손잡이 모양이 되도록 접어요.

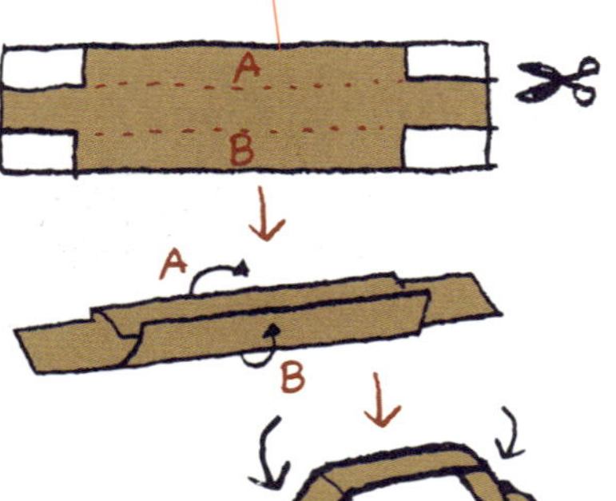

4

손잡이를 붙여요.

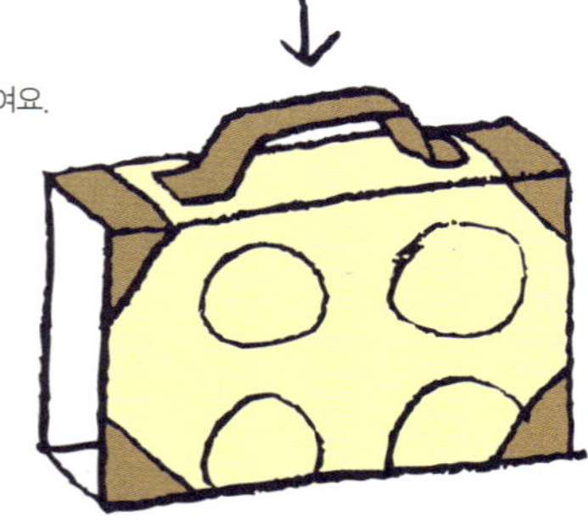

5

안쪽 상자의 두 곳에 제본테이프를 붙여요.

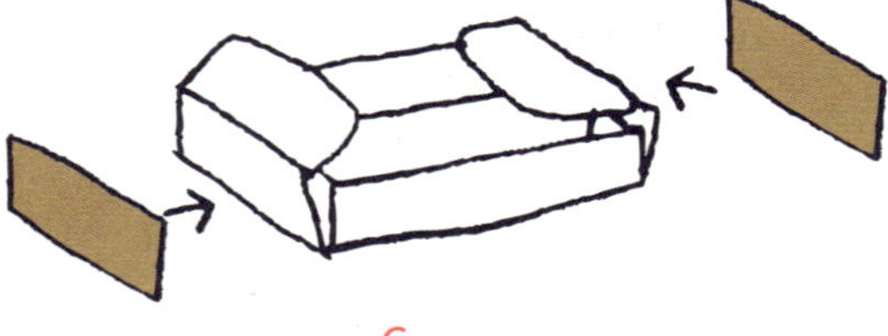

6

안쪽 상자를 끼우면 완성이에요.

02

손바닥 소포

준비할 재료

빈 상자(뚜껑과 본체가 분리되는 상자)
색종이
땋은 끈(만드는 방법 p.30)
셀로판테이프
가위
다 쓴 우표
스티커

끈을 두르는 방법

A

땋은 끈을 ①에서부터 두르기 시
작하여 ①과 ⑨를 묶어요.

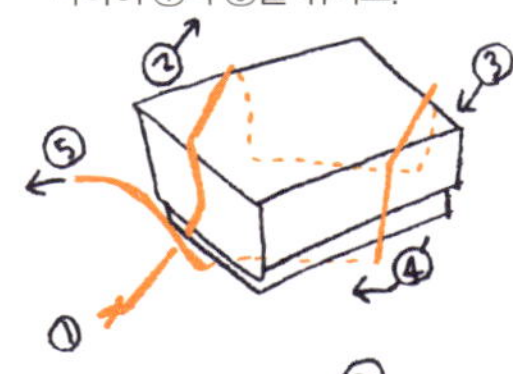

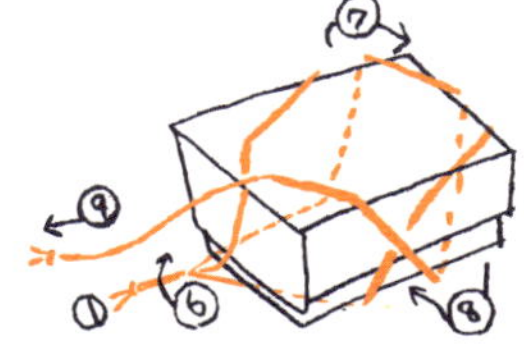

B

땋은 끈을 ①에서부터 두르기 시
작하여 ①과 ⑦을 묶어요.

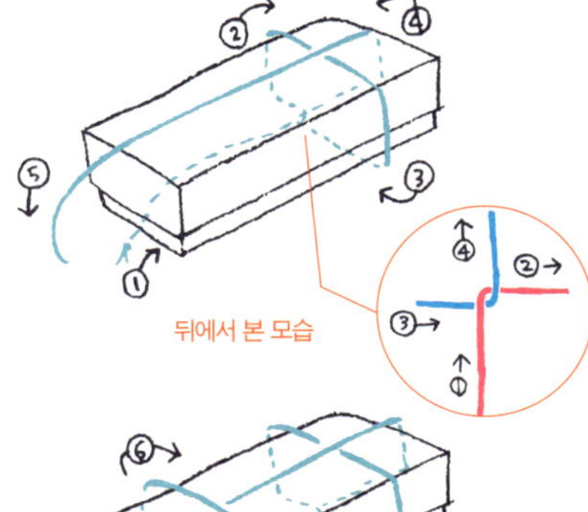

1

상자의 크기를 재서 그 크기에 맞춰
그림과 같이 색종이를 잘라요.
그 색종이 중앙에 상자를 놓아요.

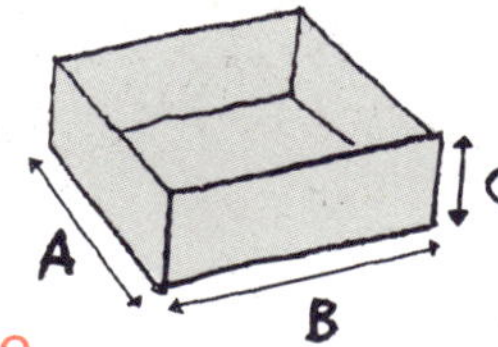

2

길이가 짧은 변부터 상자를 싸요.

3

남은 부분은 안쪽으로 접어 넣
고 셀로판테이프로 고정해요.
같은 방법으로 뚜껑도 싸요

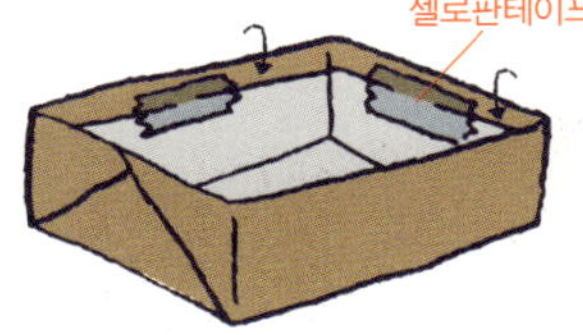

4

내용물을 넣고 뚜껑을 닫아 다 쓴 우표나 스티
커를 붙여 장식해요. 마지막으로 땋은 끈을 둘
러서 묶으면 완성이에요. 땋은 끈은 상자의 크
기에 맞춰서 준비하세요.

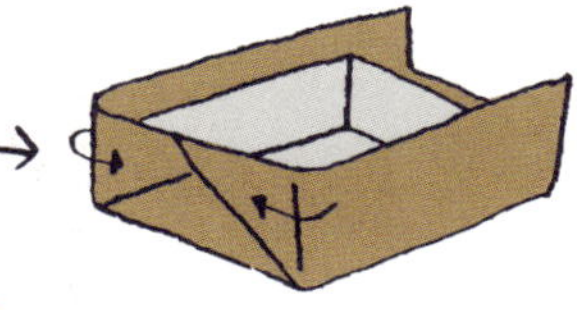

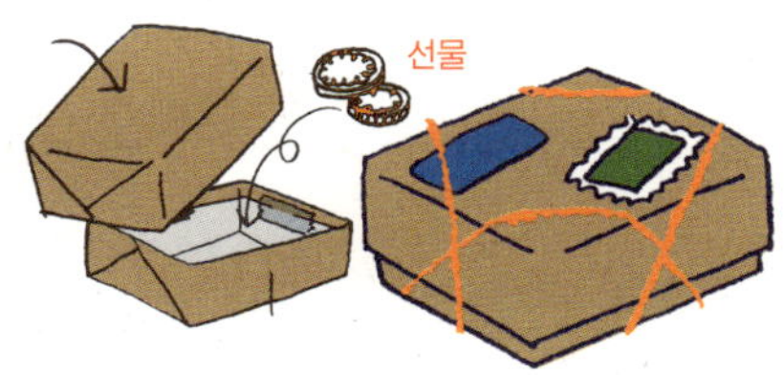

평소에 이런 작은 상자를 모아 두면 편리해요.

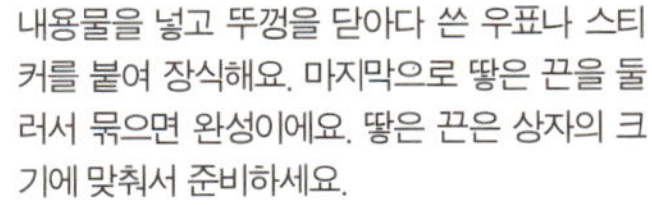

Present Item

03

맞춤 종이봉투

기성품인 종이봉투는 크기나 형태가 어느 정도 정해져 있어서 어쩐지 멋이 없어요. 그런데 아주 약간만 품을 들이면 멋지게 변신한답니다. 단, 너무 무거운 물건은 넣지 마세요.

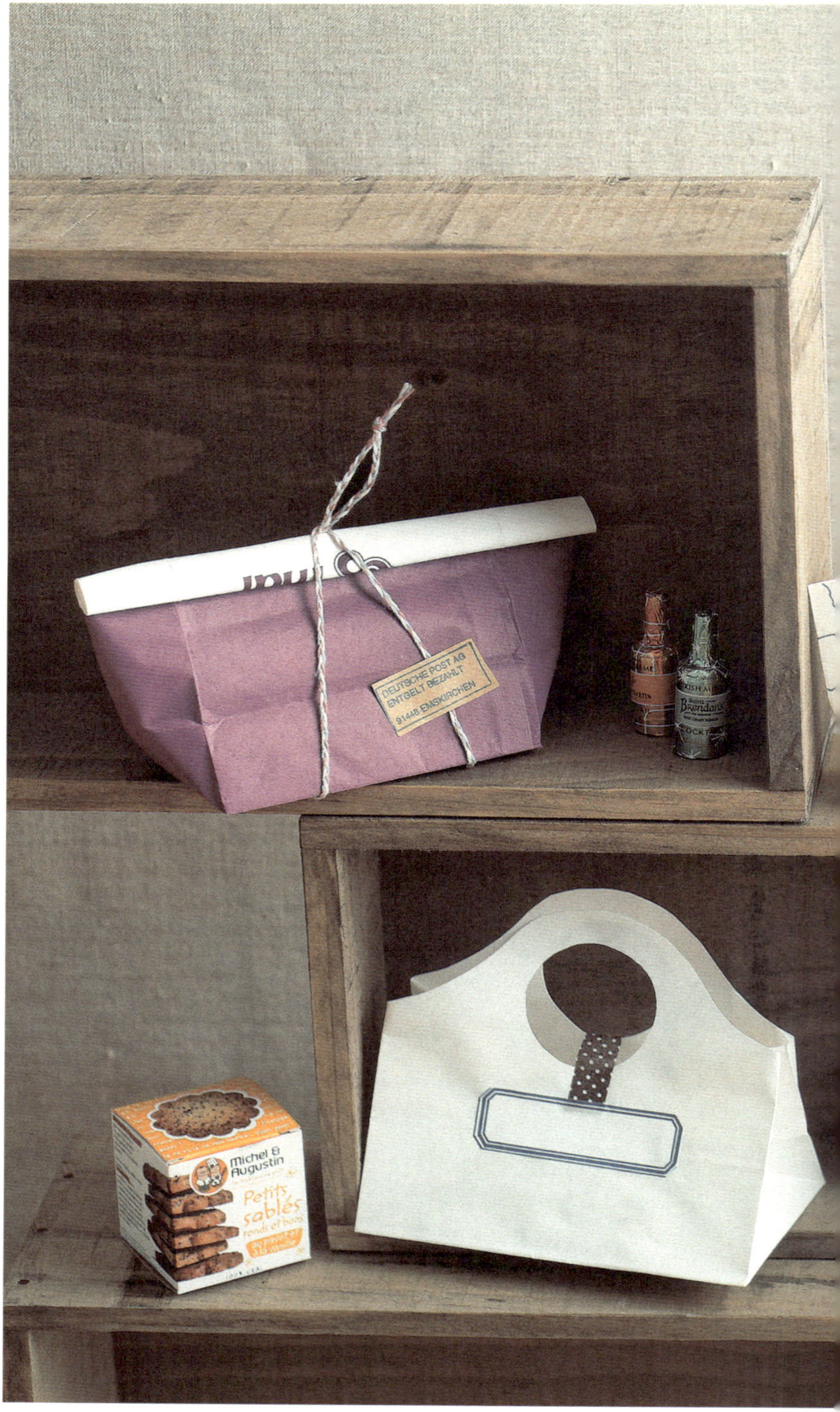

일반 종이봉투의 대변신!

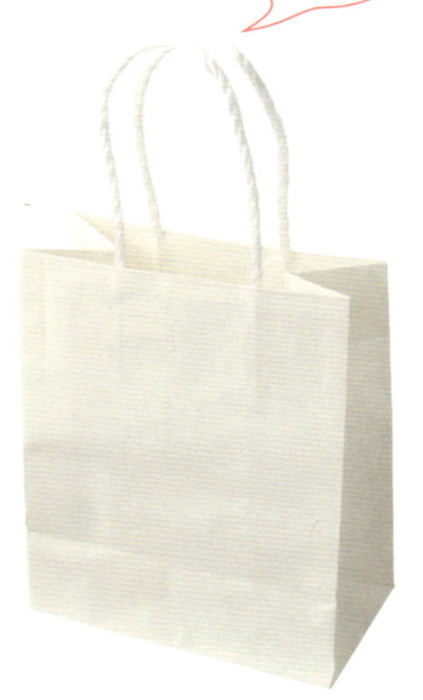

PARIS
PARIS
POSTE
MILANO
Confidential
R
KAZUMI
UDAGAWA
LIME
FLAVORED DROPS
LEMON
FLAVORED DROPS

03

맞춤 종이봉투

A

 준비할 재료

종이봉투(폭 15cm 정도)
땋은 끈(만드는 방법 p.30)
아일렛펀치
가위

1

종이봉투의 바닥으로부터
약 9.5cm 떨어진 곳을 잘라
내요.

2

입구를 옆으로 벌려 배 모양을 만들고,
접을 곳에 확실하게 자국을 내요.

3

아일렛펀치로 네 곳에 구멍
을 뚫어 아일렛을 박아 넣
어요.

아일렛펀치

4

그 구멍에 땋은 끈을 끼워
묶어요.

**땋은 끈은 약 25cm 길이로
두 줄을 준비하세요.**

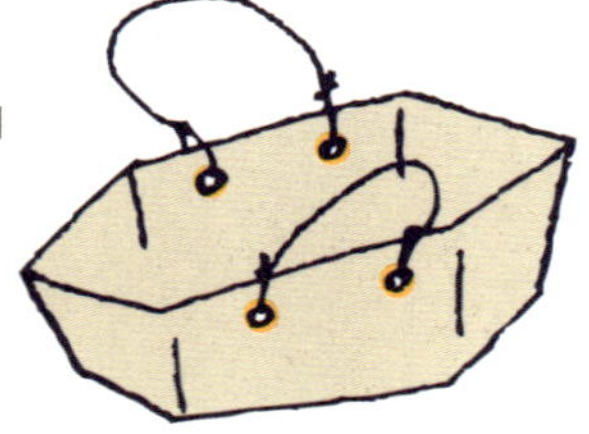

B

준비할 재료

종이봉투(폭 15cm 정도)
다 쓴 차표 등
(손잡이를 묶을 종잇조각)
핑킹가위(종이용)
커터 칼
스탬프

1

종이봉투의 바닥에서
약 12.5cm 떨어진 곳을
핑킹가위로 잘라요.

2

입구를 옆으로 벌려 배 모양을 만들고,
접을 곳에 확실하게 자국을 내요.

커터 칼

3

손잡이 부분을 커터 칼
로 도려내요.

아일렛펀치

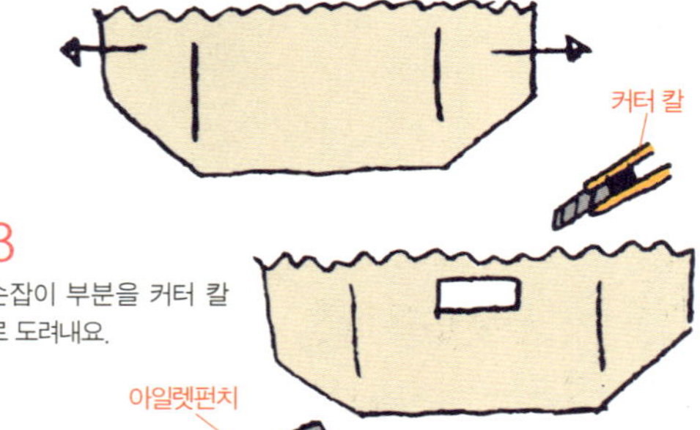

4

내용물을 넣고 다 쓴 차표
를 손잡이 구멍에 끼워 아
일렛펀치로 고정해요. 스탬
프를 찍어 장식하세요.

스탬프

C

🧵 준비할 재료
종이봉투(폭 15cm 정도)
마스킹테이프
라벨
가위
커터 칼
송곳
잼병처럼 둥근 물건

1

종이봉투를 오른쪽 그림과
같은 모양으로 잘라서 손잡
이를 만들어요.

2

잼병처럼 둥근 물건을 대고 송곳으로 자국을 내요. 그 자국
을 따라 커터 칼로 도려내요.

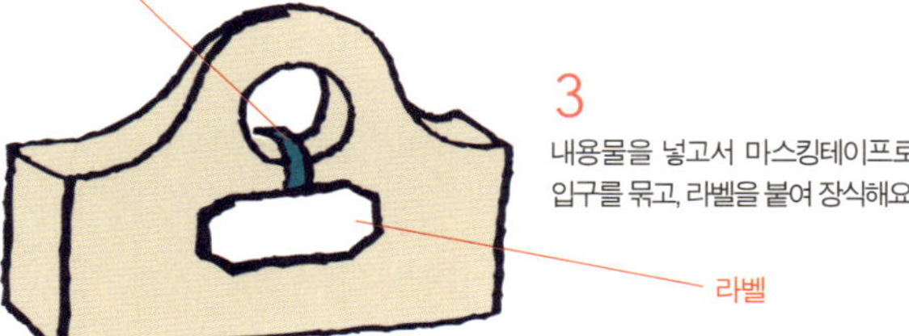

3

내용물을 넣고서 마스킹테이프로
입구를 묶고, 라벨을 붙여 장식해요.

D

🧵 준비할 재료
종이봉투(폭 15cm 정도)
땋은 끈(만드는 방법 p.30)
스티커
셀로판테이프
가위

1

종이봉투의 바닥에서 약
17cm 떨어진 곳을 가위로
잘라내요.

2

입구를 옆으로 벌려 배 모양을 만
들고, 두 번 말아 접어요.
(내용물은 이 단계에서 넣으세요.)

3

땋은 끈을 접어서 봉투에 두르
고, 한쪽 고리에 다른 쪽 끈을
끼워 살짝 당겨줘요. 셀로판테
이프로 바닥 쪽 끈을 고정해야
안정감이 있어요.

**땋은 끈은 약 71cm의 길이
로 준비하세요.**

4

스티커를 붙여서 완성해요.

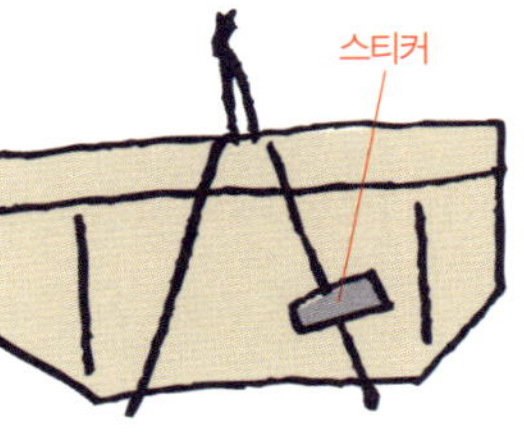

Present Item

04

티타임 토트백

찻잎을 넣는 티백과 커피를 내릴 때 쓰는 여과지에
손잡이를 달았더니 귀여운 가방으로 변신하지 뭐예요?
이런 앙증맞은 가방에 선물을 담아보세요.
나란히 벽에 걸어 두어도 귀엽답니다.

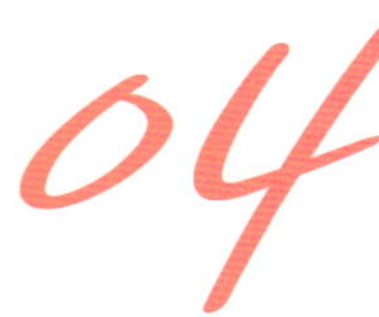

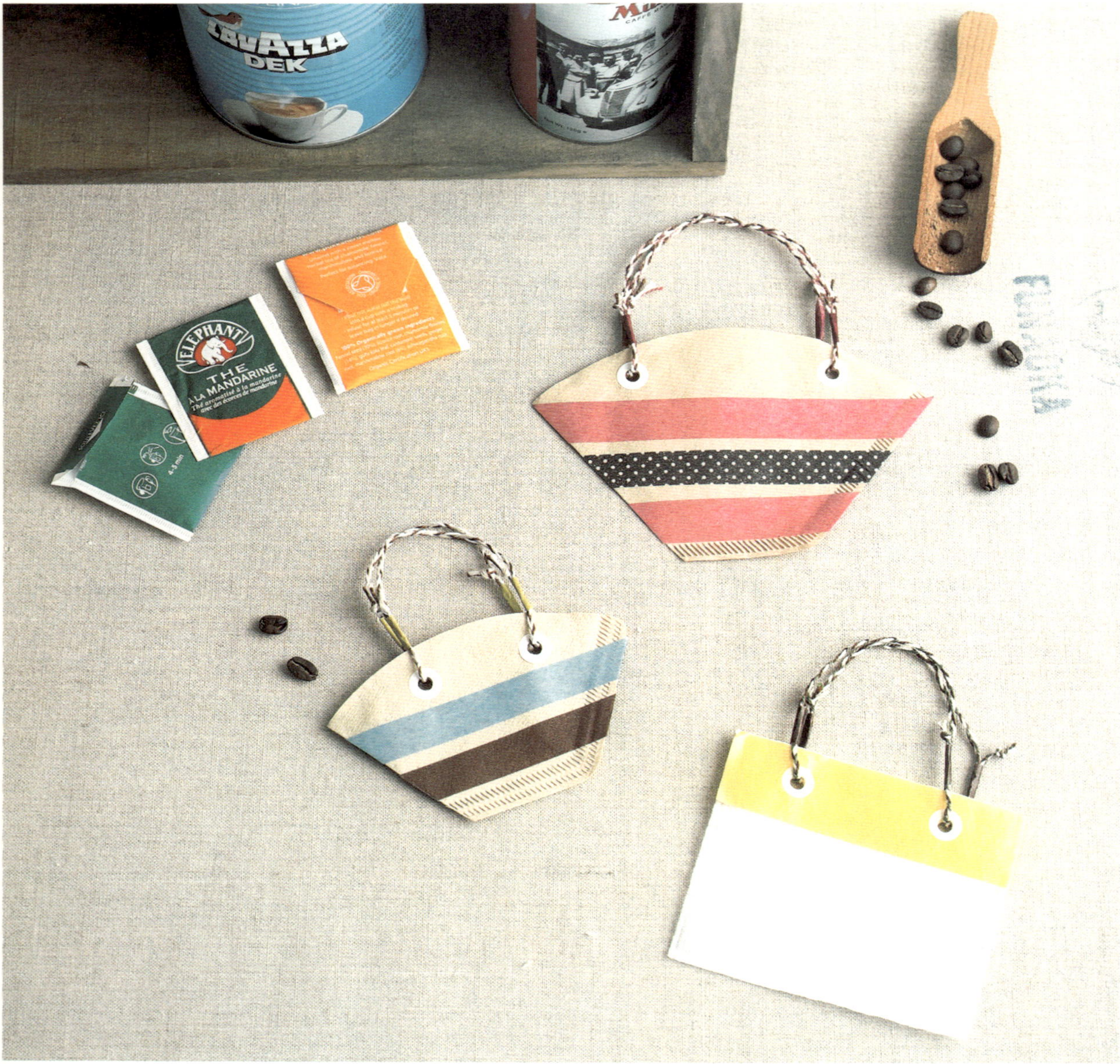

봉투 삼각 백

호기심을 자극하는 귀여운 삼각 가방이에요.
봉투만 있으면 쉽게 만들 수 있어서 무언가를 조금씩 나누어 줄 때 편리해요.
내용물의 색이 화려하다면 반투명한 글라신(glassine) 지로 만들어 보세요.
살짝 비춰 보여서 더 예쁘답니다.

04

티타임 토트백

🎀 **준비할 재료**

티백
커피 여과지
땋은 끈(만드는 방법 p.30)
마스킹테이프
펀치
펀치 구멍 보강 패치(또는 그런 스티커)

티타임 토트백

1

티백을 준비해서 입구 부분에 마스킹테이프를 붙여 튼튼하게 보강해요.

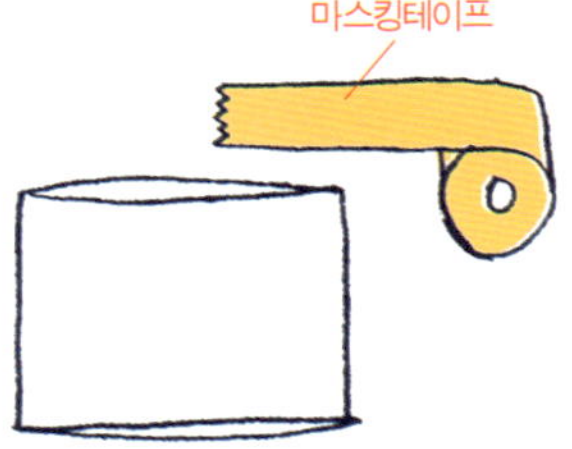

2

마스킹테이프를 붙인 부분에 펀치로 구멍을 뚫고, 구멍이 찢어지지 않게 보강 패치를 붙여요.

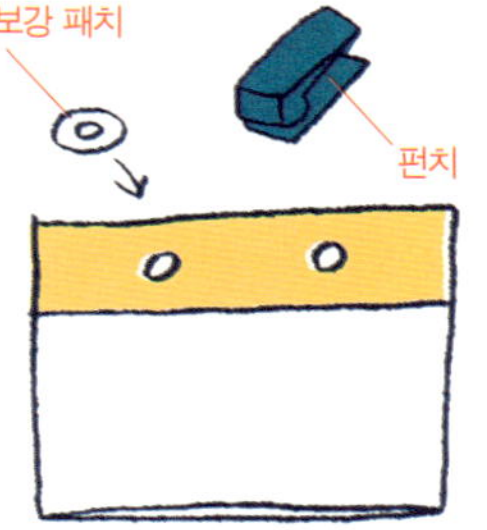

3

땋은 끈을 구멍에 끼워요. 끈 끝에 마스킹테이프를 감아 고정해요.

땋은 끈은 약 25cm 길이로 두 줄 준비하세요.

커피 여과지 토트백

1

여과지 상단에 펀치로 구멍을 뚫어 펀치 구멍 보강 패치를 붙여요.

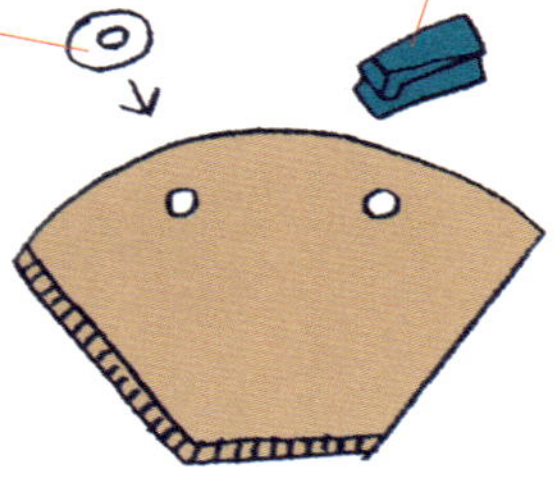

2

땋은 끈을 구멍에 끼워요. 끈의 끝에 마스킹테이프를 감아 고정해요.

여과지가 작으면 끈은 약 25cm 길이로 두 줄, 여과지가 크면 약 30cm 길이로 두 줄 준비하세요.

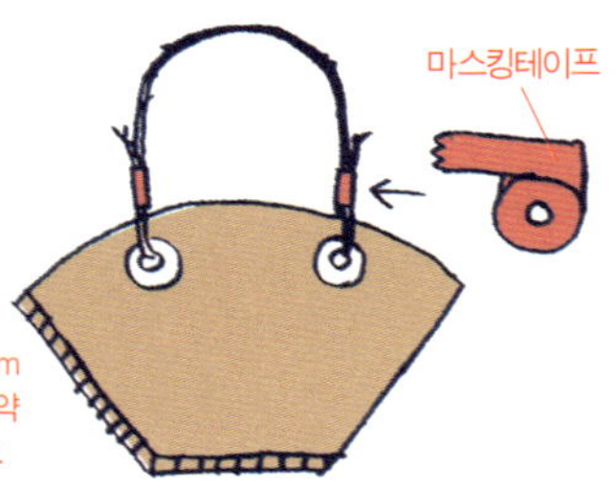

3

마스킹테이프를 가로로 붙여 장식해요.

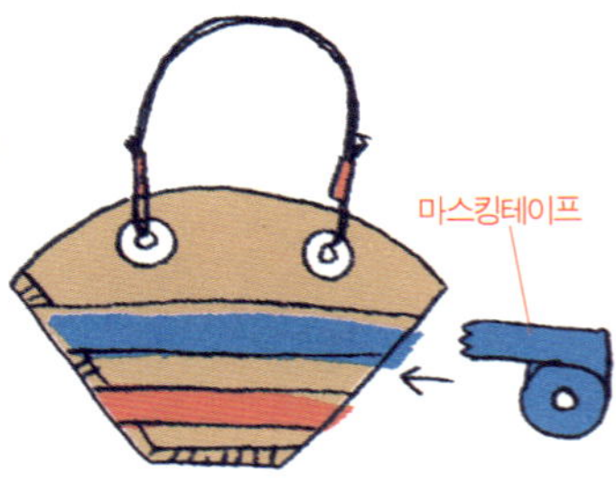

05

봉투 삼각 백

 **준비할 재료**

직사각형 봉투
땋은 끈(만드는 방법은 p.30)
스테이플러
가위

1

봉투를 오른쪽 그림과
같이 정사각형에서 약
3cm 정도 세로로 길게
잘라요.

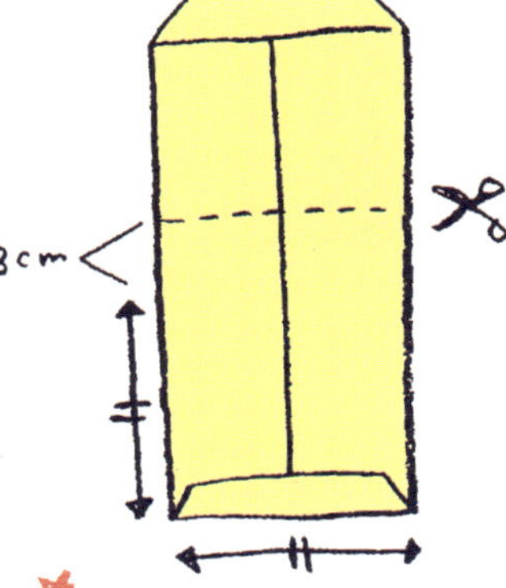

2

★ 표시 부분이 서로 맞닿도록
입구를 벌려요. 내용물은 이때
넣으세요.

3

입구 부분을 약 1cm
폭으로 두세 번 감아 접어요.

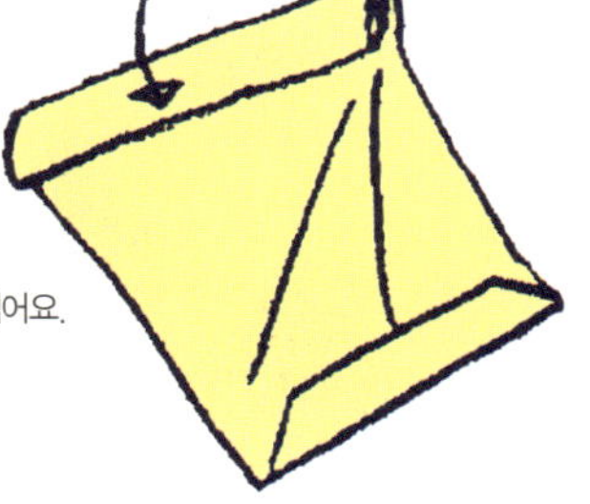

4

땋은 끈을 접어 그 반대쪽을 입구의 접
은 틈 사이로 끼워 넣고, 스테이플러로
끈과 종이를 함께 봉해요.

봉투가 크면 땋은 끈을 약 20cm, 봉투가 작
으면 약 10cm 준비하세요.

※ 내용물은 스테이플러로 고정하기 전에 넣으세요.

Present Item 06

퀵 종이봉투

"적당한 종이봉투 어디 없을까?"
이런 생각이 든다면 직접 만들어 보는 건 어때요?
종이와 스테이플러만 있으면 OK! 잡지나 포장지로도 만들 수 있어요.
가운데 있는 봉투는 외국 잡지의 속지를 뜯어 만들었답니다.

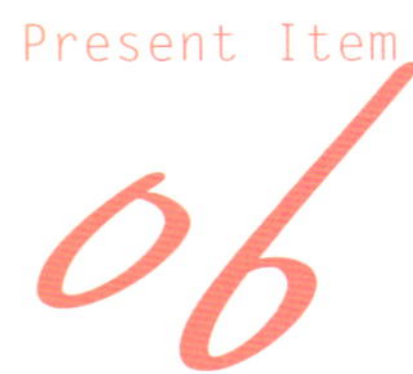

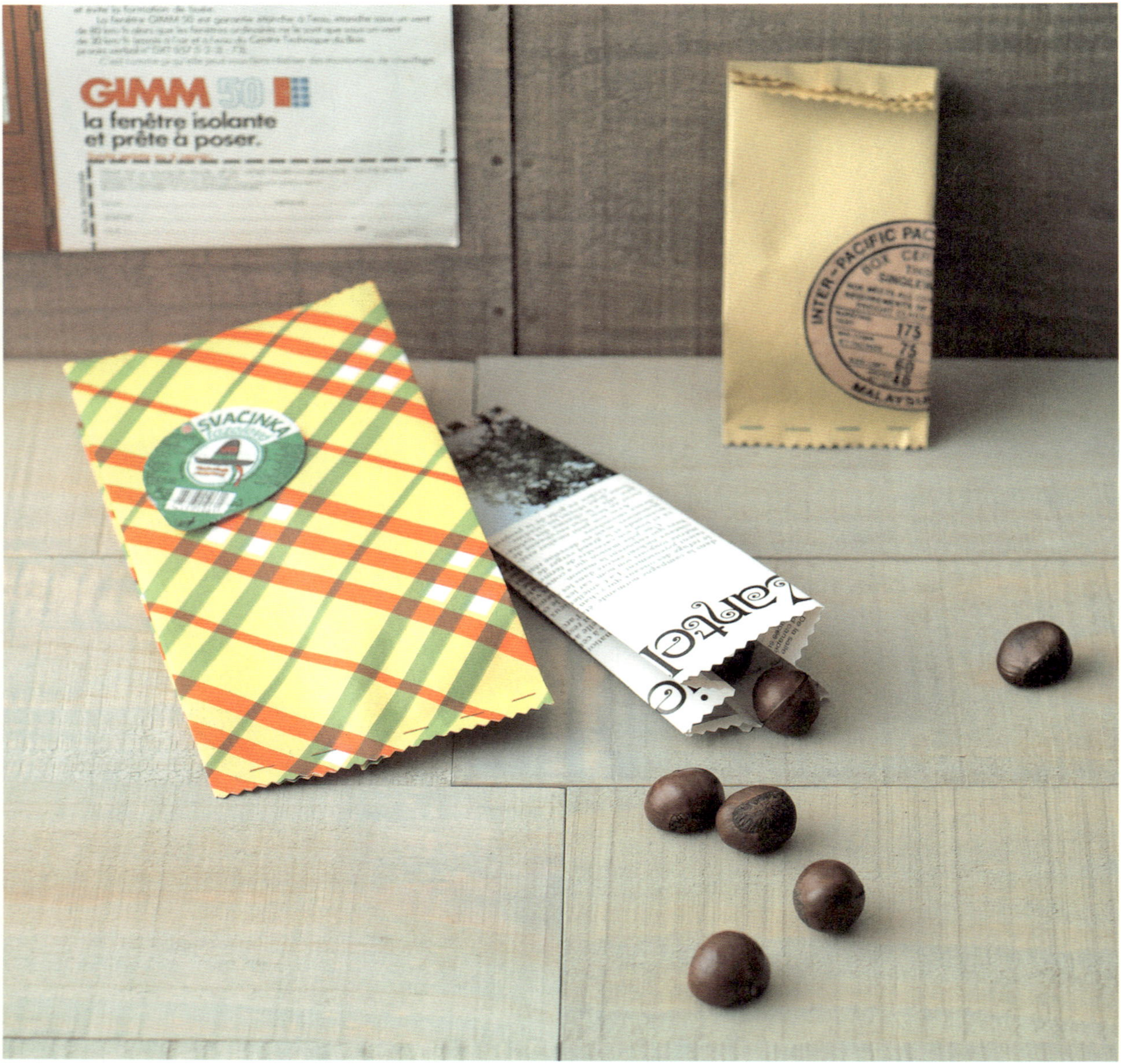

손바느질 봉투

요리나 제빵에서 사용하는 유산지를
한 땀 한 땀 실로 꿰매어 봉투를 만들었어요.
내용물이 살짝 비치는 것이
은은한 느낌이 들어 참 멋스럽답니다.

06

퀵 종이봉투

준비할 재료
종이
장식품(과자 봉지의 라벨이나 스티커)
스테이플러
핑킹가위

1

종이 한 장을 둥글게 말아
양끝을 맞춰요. 가장자리는
3cm 정도 두고 같은 간격으
로 스테이플러를 찍어요.

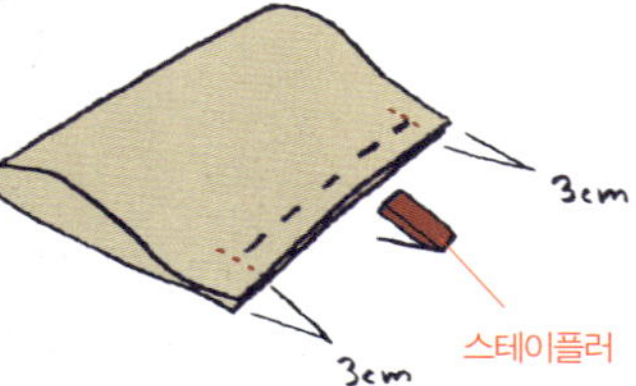

2

1의 이음매를 한가운데
에 놓고 가장자리를 꾹꾹
눌러 자국을 내요.

3

양쪽 가장자리의 폭이 같도
록 적당히 접어 자국을 내요.

4

3의 접은 종이를 펴서 가운데
에 있는 금이 안쪽으로 들어가
게 접어요. 철해 놓은 부분은
한쪽으로 눕혀요.

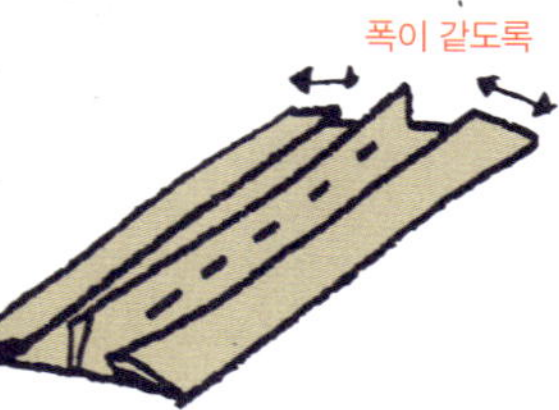

5

양쪽 입구를 핑킹가위로
잘라요.

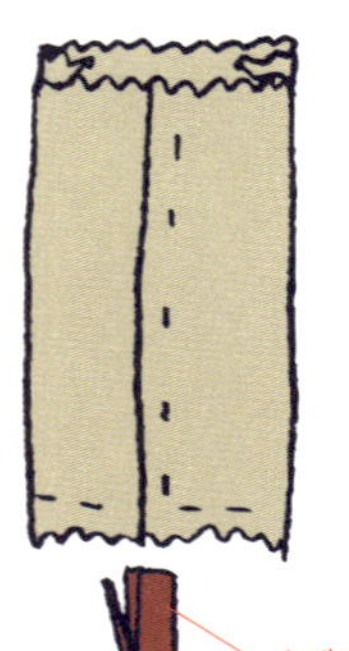

6

바닥이 될 부분은 끝에서 끝까지
같은 간격으로 철해요.

7

과자 봉지 라벨이나 포장
지의 일부분을 오려내어
양면테이프로 장식해요.

07

손 바 느 질 봉 투

준비할 재료

유산지(baking paper)
자수실(굵기가 굵은 것으로)
장식용 종잇조각이나 다 쓴 비행기 표 등
핑킹가위
송곳
바늘

1

유산지를 내용물의 크기에 맞게 잘라서 반으로 접어 송곳으로 바늘구멍을 뚫어요.
장식용 종잇조각에 다 쓴 비행기 표를 붙여 구멍을 뚫으면 더욱 근사한 분위기를 낼 수 있어요.

2

그림처럼 첫 구멍에 실을 두 번 끼워 고정하고 나서 바느질을 시작해요.

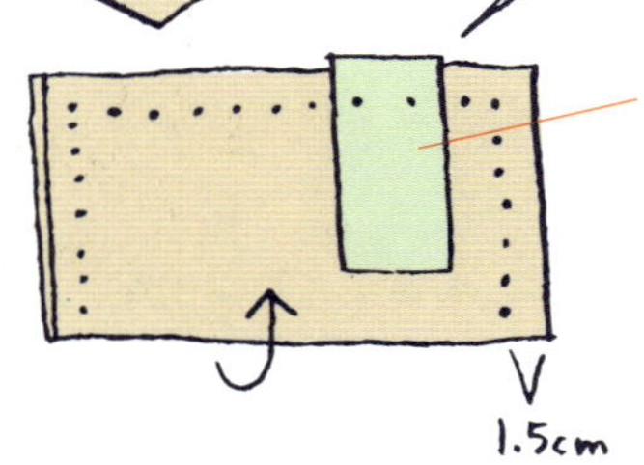

3

봉투의 3면을 모두 바느질해요. 이때 잊지 말고 내용물을 넣어야 해요.

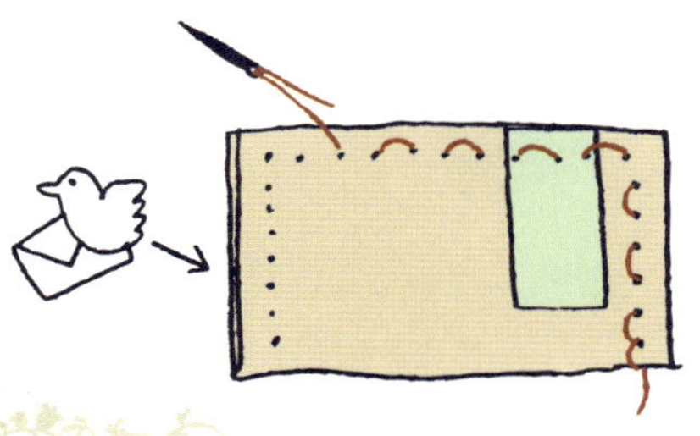

4

2에서처럼 마지막 구멍에도 실을 두 번 끼워 마무리해요.

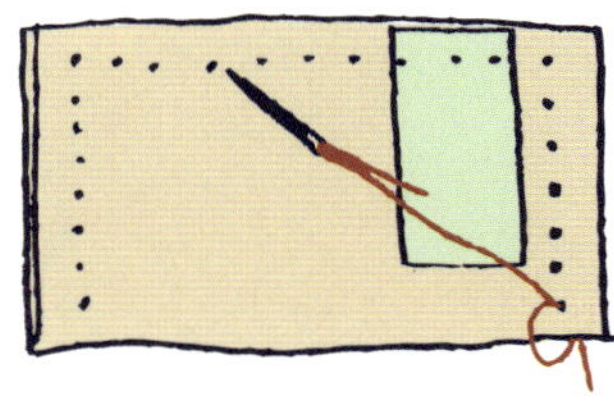

5

봉투의 3면을 핑킹가위로 자르면 완성이에요.

자수실과 종이의 색상 조화

아래의 사진을 참고로 종이와 실의 색상을 다양하게 응용해 보세요.

흰색 유산지일 때

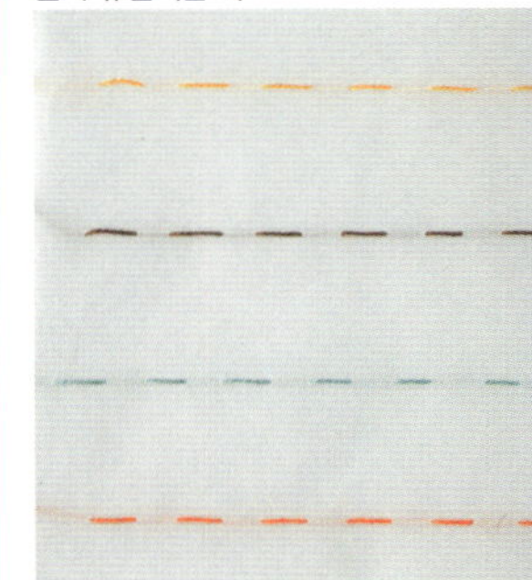

갈색 유산지일 때

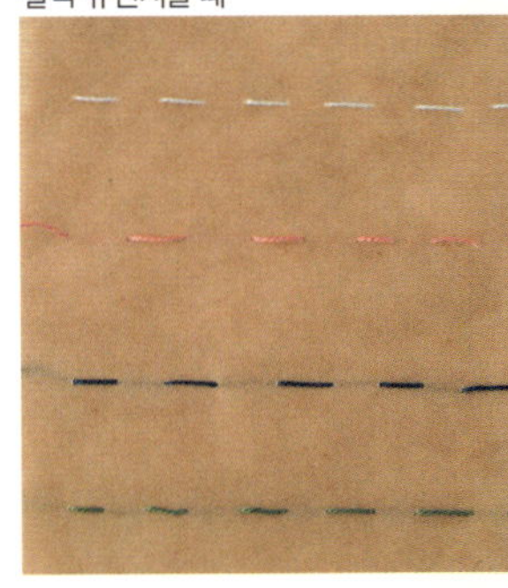

A B C D E F

종이봉투를 여미는 여러 가지 방법

바닥만 있는 단순한 종이봉투는 여미는 방법에 따라 분위기가 아주 달라져요.
주변에 있는 여러 가지 소품으로 콜라주처럼 만들어 보세요.
선물할 때 응용하면 참 좋아요.

A

봉투의 입구를 2단으로 접
고, 빨대를 세로로 잘라 접
은 부분에 끼워 넣어요. 우
표 등을 붙여 장식해요.

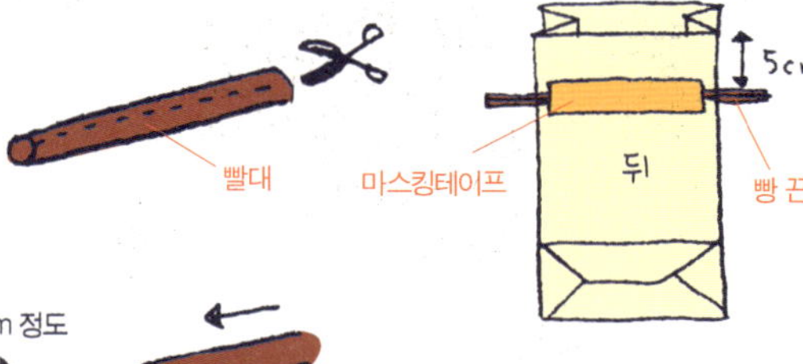

B

빵 끈을 마스킹테이프로
붙여 놓고 봉투 입구를 접
어요. 양쪽으로 튀어나온
빵 끈을 봉투 앞쪽으로 접
어 입구를 봉해요.

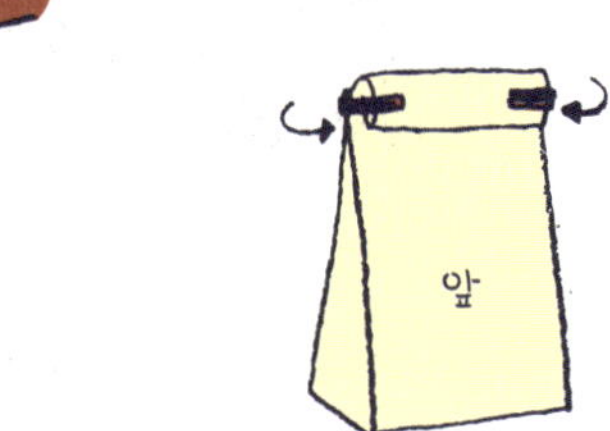

C

입구를 먼저 접어놓고, 레
이스페이퍼, 우표, 라벨 등
을 모아 젬클립에 끼워 고
정해요. 젬클립에 끼울 장
식품은 무엇이든 좋아요.

C type Variation

여러 가지 클립과 레이스페이
퍼로 개성을 표현해 보세요.

D

봉투 입구를 접어 아일렛
펀치로 고정하고, 땋은 끈
을 끼워요. 끈 끝에 귀여운
라벨을 달아요. 마스킹테이
프도 좋아요.

E

종이봉투의 입구를 접어
펀치로 구멍을 뚫고, 분할
핀으로 메모나 리본을 꽂
아요. 뒤쪽에서 핀의 양쪽
끝을 벌려 고정해요.

F

리본을 묶어 고리를 만들
어요. 이 고리를 봉투 입구
에 대놓고 입구를 두 번 접
어요. 리본과 봉투를 같이
철하고, 철한 부분에 스티
커를 붙여요.

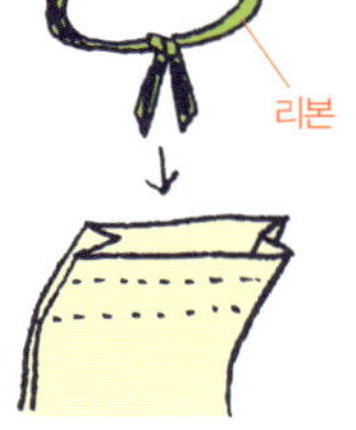

Present Item 08

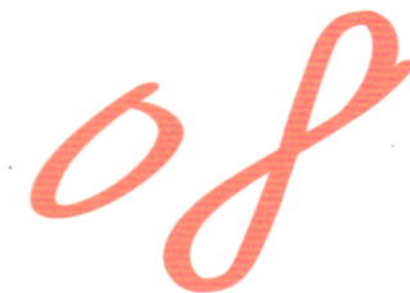

작고 작은 서류가방

비즈니스맨이 들고 다니는 서류가방을 상상하며
판지로 간단하게 만들어 보았어요.
폭이 넓지 않아 작은 소품을 넣어 선물하는 데 안성맞춤이지요.
편지봉투로 사용해도 좋겠지요?

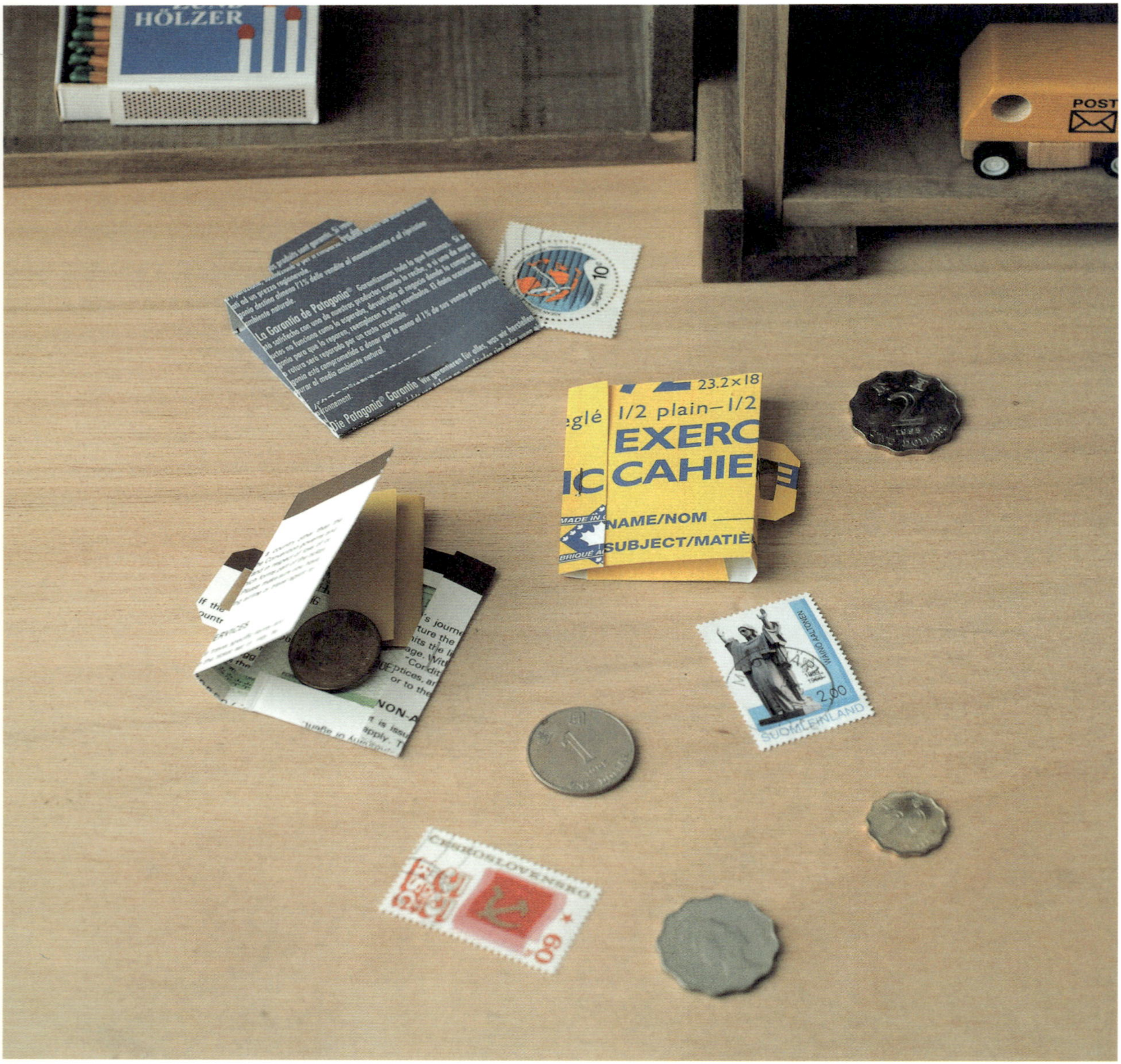

입구가 예쁜 투명 포장

투명한 봉투는 쓰임새가 참 많지만
그대로 사용하면 좀 밋밋한 느낌이 들어요.
하지만 레이스페이퍼만 곁들여도 분위기가 싹 달라진답니다.
벽에 나란히 걸어놓으면 예쁜 소품가게 같기도 해요.

08

작고 작은 서류가방

🐞 준비할 재료
판지
커터 칼
송곳
스테이플러

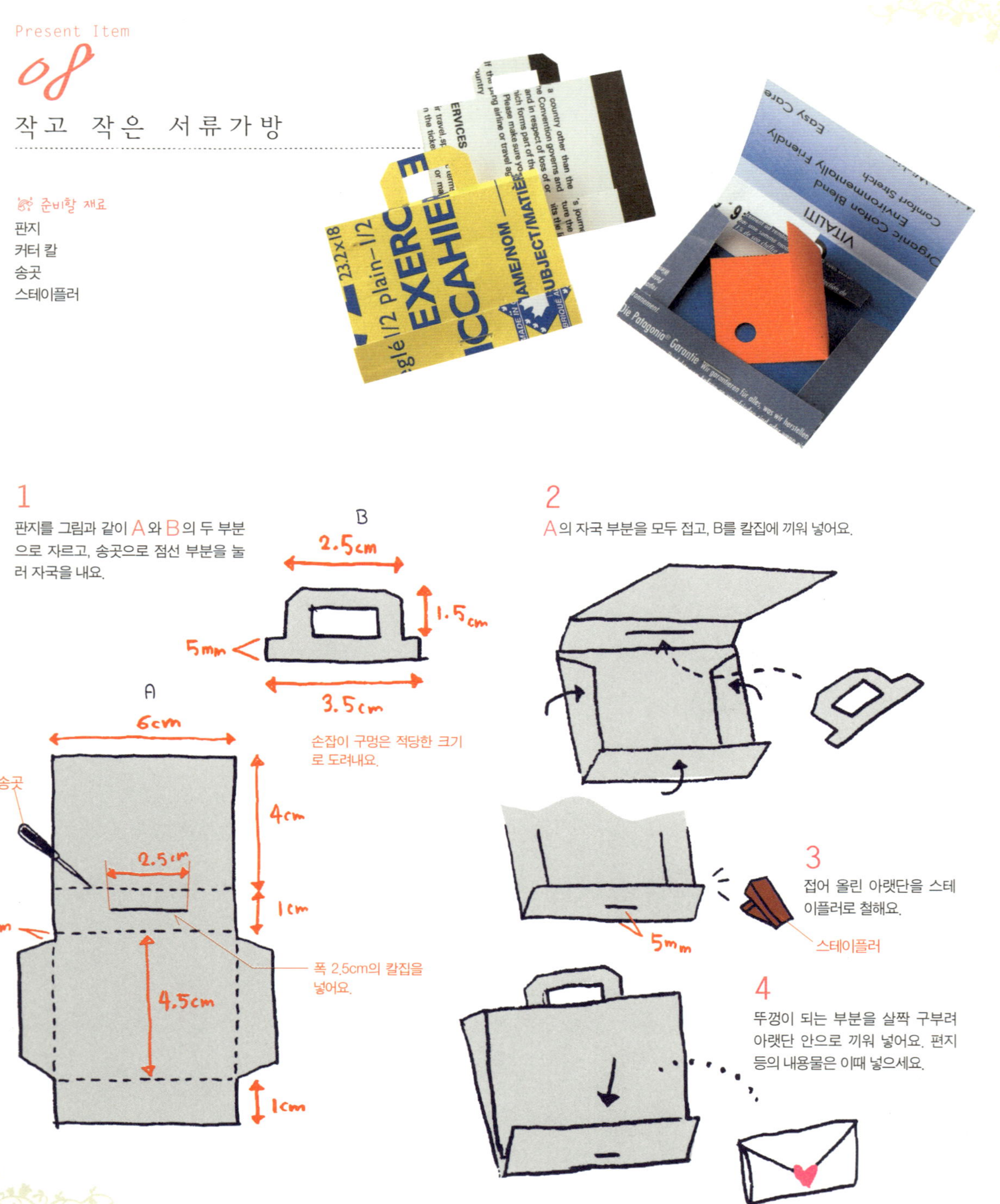

1
판지를 그림과 같이 A와 B의 두 부분
으로 자르고, 송곳으로 점선 부분을 눌
러 자국을 내요.

2
A의 자국 부분을 모두 접고, B를 칼집에 끼워 넣어요.

3
접어 올린 아랫단을 스테
이플러로 철해요.

4
뚜껑이 되는 부분을 살짝 구부려
아랫단 안으로 끼워 넣어요. 편지
등의 내용물은 이때 넣으세요.

09

입구가 예쁜 투명 포장

준비할 재료

OPP 봉투
레이스페이퍼 또는 종이 깔개
뚫은 끈(만드는 방법 p.30)
아일렛펀치

1

OPP 봉투 안에 내용물을
넣어요. 입구에 반으로 접
은 레이스페이퍼나 종이 깔
개를 덮어요.

※OPP(oriented polypro
pylene)봉투란 주로 제과
점에서 제과를 넣을 때 쓰
는 투명 봉투를 말해요. 포
장 재료 전문점에서 쉽게
구할 수 있어요.

3

뚫은 끈으로 고리를 만들
어 구멍에 끼우면 완성이
에요.

뚫은 끈은 약 23cm 길이로
준비하세요.

2

완성된 입구에 아일렛펀치로
구멍을 뚫어요.

끈을 땋는 방법

수입 잡화점에서 두세 가지 색으로 엮은 끈을 본 적이 있어요.
너무 이쁜데 가격이 좀 비싸더라고요. 그래서 비슷한 끈을 직접 만들어 보기로 했지요.
자수실이나 마끈, 종이 끈 등 색색의 다양한 소재를 조합해서
나만의 끈을 만들어 보세요.
여유가 있을 때 한두 개씩 만들어두면 참 편리해요.

① 
30~40cm 길이의 실을 세 줄
준비해서 하나로 묶어요.

② 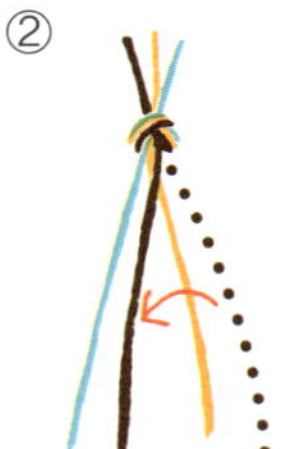
오른쪽 실을 왼쪽의 두 실
사이에 넣어요.

③ 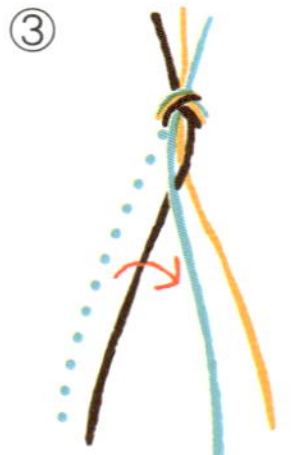
왼쪽 실을 오른쪽 두 실
사이에 넣어요.

④ 
다시 오른쪽 실을 왼쪽 두 실
사이에 넣어요.

⑤ 
왼쪽, 오른쪽을 반복하다가
매듭지어요.

이런 느낌이랍니다!

● 약 30cm 의 실을 땋으면 약 25cm 가 돼요.
● 익숙해지면 50cm 정도의 긴 끈에도 도전해 보세요.
● 자수실(25 번, 5 번), 마끈 등의 종류에 따라 땋은 끈의 느낌도 달라져요.
● 색상의 조화를 고려하는 것도 재미랍니다.

색상 조화

세 가지 색의 조화를 생각하며 나만의
끈을 만들어 보세요.

Chapter 2

메시지를 보내요

편지나 메시지를 보낼 때,

그냥 보내면 어쩐지 정성이 부족한 느낌이 들어요.

손수 편지를 쓰는 것도 정성을 담는 한 가지 방법이지만,

조금 품을 들여 카드와 봉투까지 손수 만드는 정성을 더해 보내면

받는 이가 더욱 기뻐해 주겠지요?

10

깃발 카드

카드를 열면 메시지가 쓰여진 깃발이 나타나는
짜잔 입체 메시지 카드랍니다.
인상이 아주 강렬해서 받는 이가
아마 깜짝 놀랄 거예요.

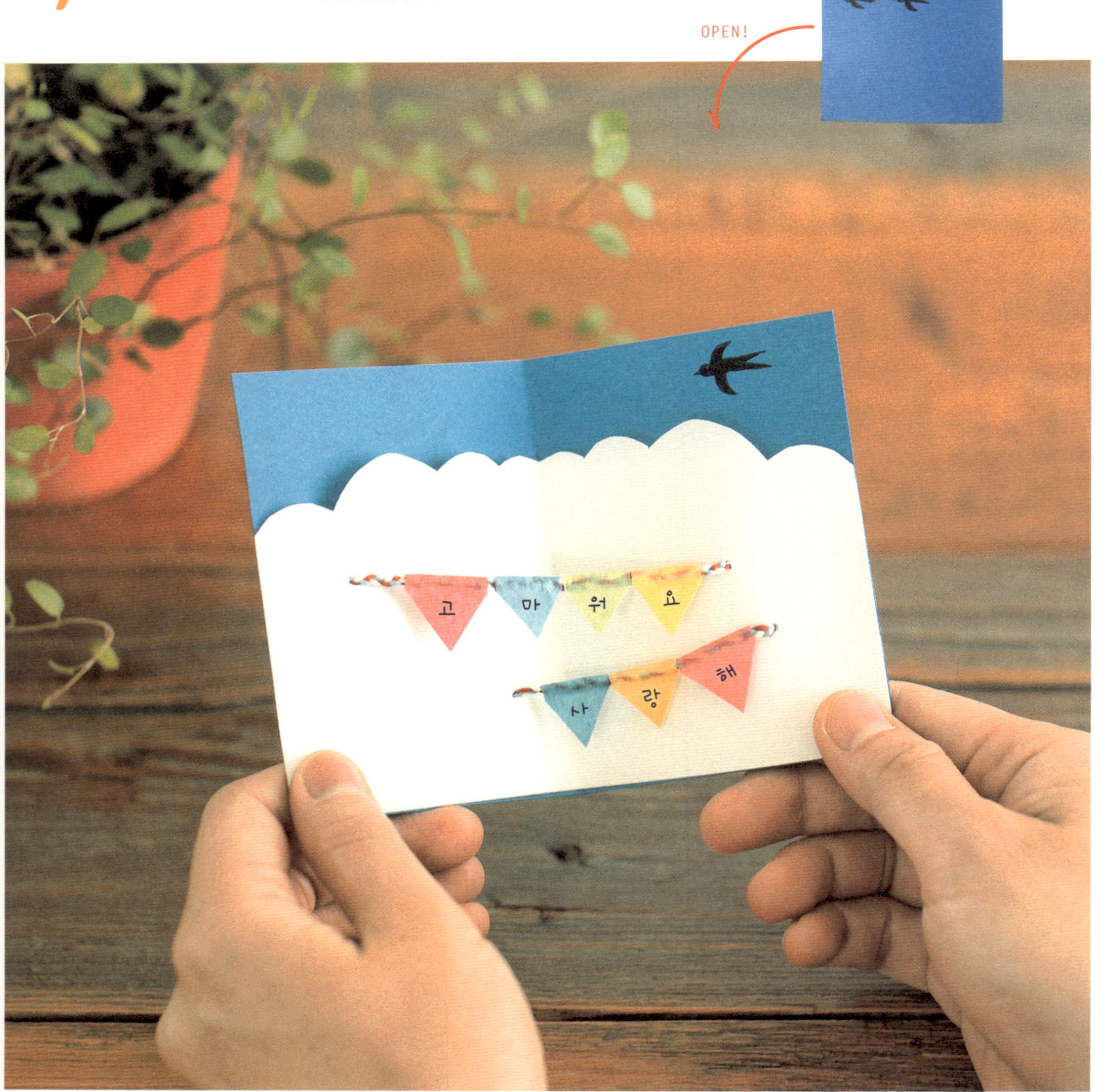

Message Item

11

줄 달린 카드

줄을 잡아당겨야
짠하고 열리는 재미있는 카드예요.
안에 메시지 카드나 소품을 넣어도 되고, 글자를 그려 넣어도 돼요.
사용 방법은 자유랍니다.

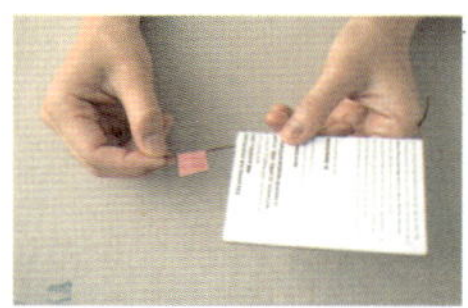

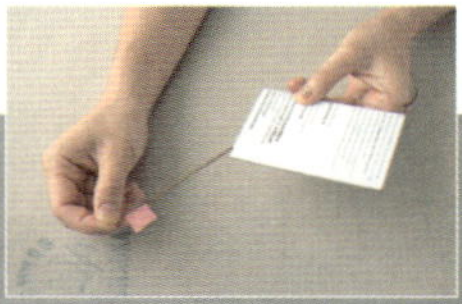

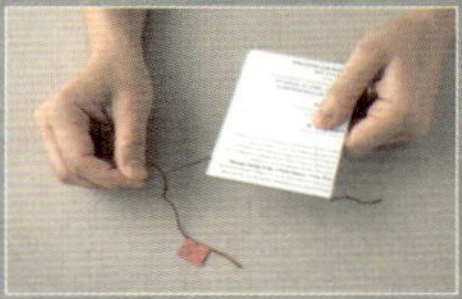

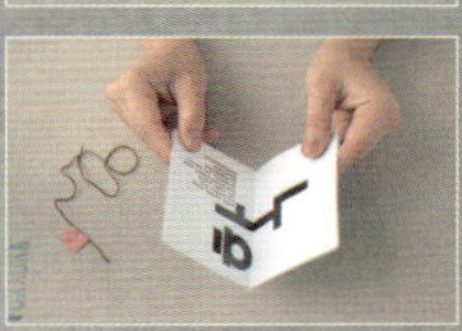

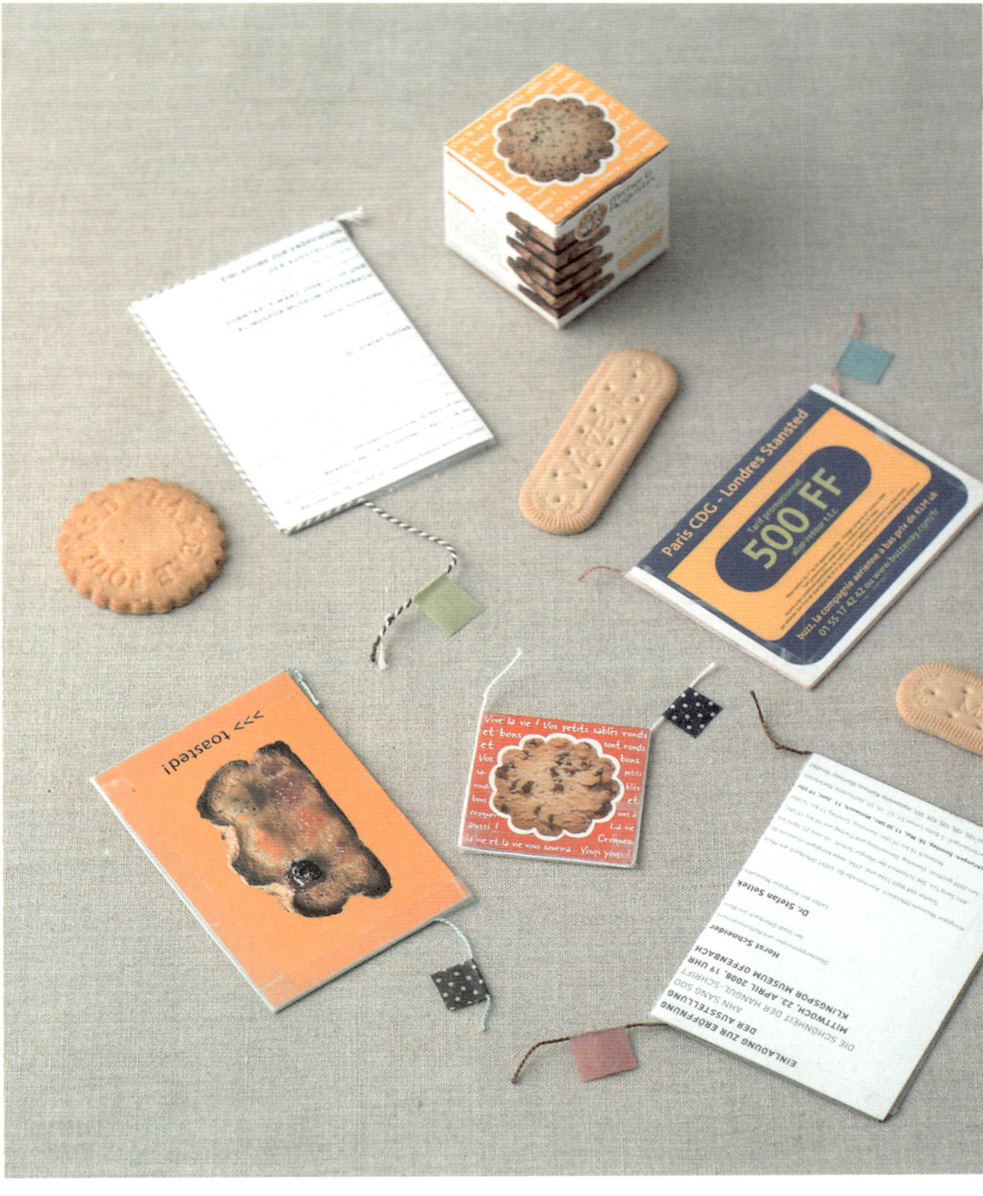

10

깃발 카드

🐝 준비할 재료

색도화지
색종이
땋은 끈 두 줄(만드는 방법은 p.30)
마스킹테이프
셀로판테이프
양면테이프
가위
송곳

1

엽서 크기의 도화지를 반으로 접어 위쪽을 자유롭게 오려내요.

2

펼쳐서 송곳으로 네 곳에 구멍을 뚫어요.

3

땋은 끈을 약 12cm 길이와 약 8cm 길이로 두 줄 준비해요. 마스킹테이프를 적당한 길이로 잘라서 그림과 같이 끈을 넣어 붙여요. 테이프에 글자를 써넣고, 끈이 잘리지 않도록 주의하며 깃발 모양으로 오려요.

4

1에서 뚫은 구멍에 안쪽에서 바깥쪽으로 끈을 넣고 뒷면의 끝 부분에 셀로판테이프를 붙여 고정해요.

5

가로는 같고 세로는 약 2.5cm 더 긴 색도화지를 준비해요.

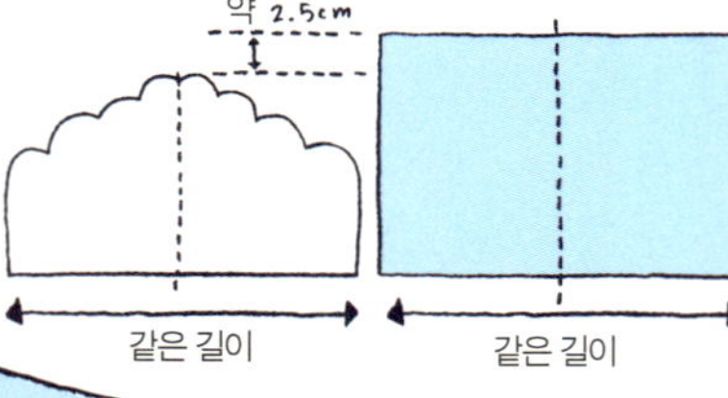

6

5의 색도화지의 양 끝 부분에 양면테이프로 붙여요. 색도화지에 그림을 그려 배경을 만들어도 좋아요.

※ 닫았을 때 깃발이 튀어나오지 않도록 주의하세요.

11

줄 달린 카드

☞ 준비할 재료

엽서 등 조금 두꺼운 종이
자수실
멘딩테이프
마스킹테이프
가위

1

엽서를 반으로 접어요. 안에 넣을 메시지나 편지는
이때 준비해요.

2

열린 세 변을 막기 위해 멘딩
테이프를 붙여요. 셀로판테
이프보다 멘딩테이프가 잘
찢어지기 때문에 개봉했을
때 깔끔하고 보기 좋아요.

테이프가 겹치지 않도록 주의하면서 붙이세요.

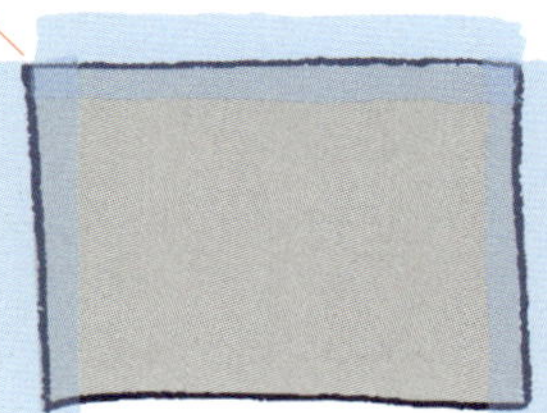

3

튀어나온 테이프를 잘라 모
서리를 정리해요.

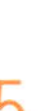

4

카드를 뒤집어 멘딩테이프
의 점착면이 위로 오게 놓
고, 카드의 테두리를 따라
자수실을 돌려가며 멘딩테
이프에 붙여요.

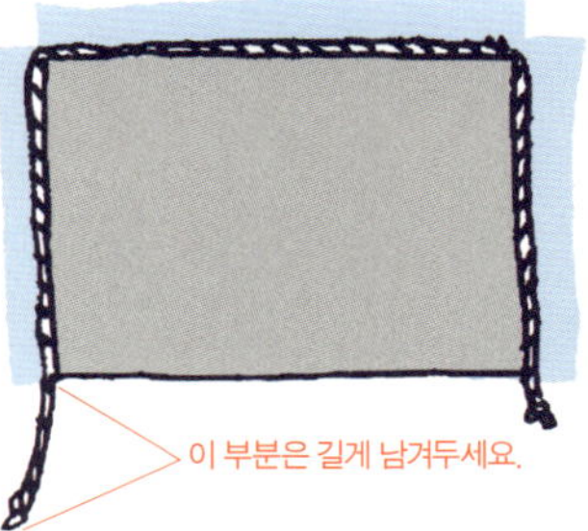

이 부분은 길게 남겨두세요.

5

자수실을 감싸듯이 멘딩테
이프를 접어요. 시작 지점
의 멘딩테이프에 가윗밥을
조금 넣어요.

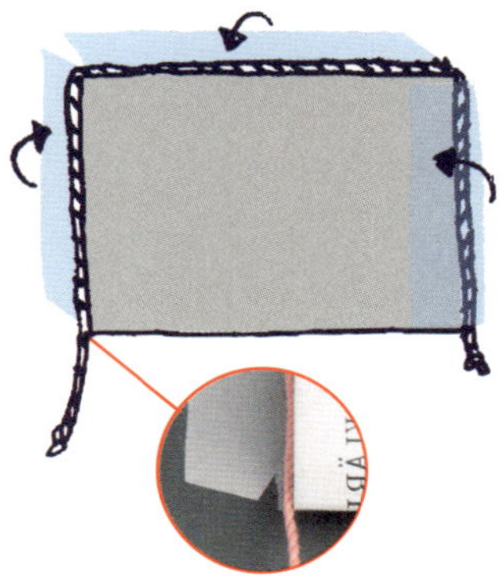

6

자수실이 눈에 잘 띄게 마
스킹테이프를 부텨용. 이
실을 잡아 당기면 테이프
가 깨끗하게 찢어지면서 카
드가 보여요.

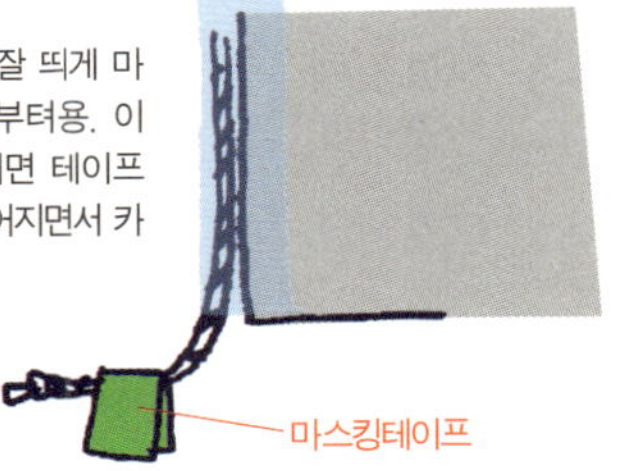

마스킹테이프

12

막대 꽃 카드

메시지를 넣고 꽃다발로 묶어도 되고,
선물에 감아 붙여도 되는
아주 간단한 카드예요.
모루를 이용해서 만들어서 어떤 형태로든 만들 수 있어요.

13

과 일 입 체 카 드

종이 세 장을 겹쳐서 스테이플러로 고정만 하면
눈에 확 띄는 입체 카드가 완성돼요.
납작하게 접힌 채로
봉투에 넣을 수도 있답니다.

메시지 클립

클립을 끼울 수 있는 곳이면
어디든 사용할 수 있어요.
빼기도 쉬워서 간단한 말을 전할 때
아주 편리해요.

팝 업 메시지

종이 한 장으로도 만들 수 있는 카드예요.
팝 업 문양과 함께
내 마음이 상대방에게 다가갈 거예요.
여러분도 여러 가지 문양에 도전해 보세요.

12

막대 꽃 카드

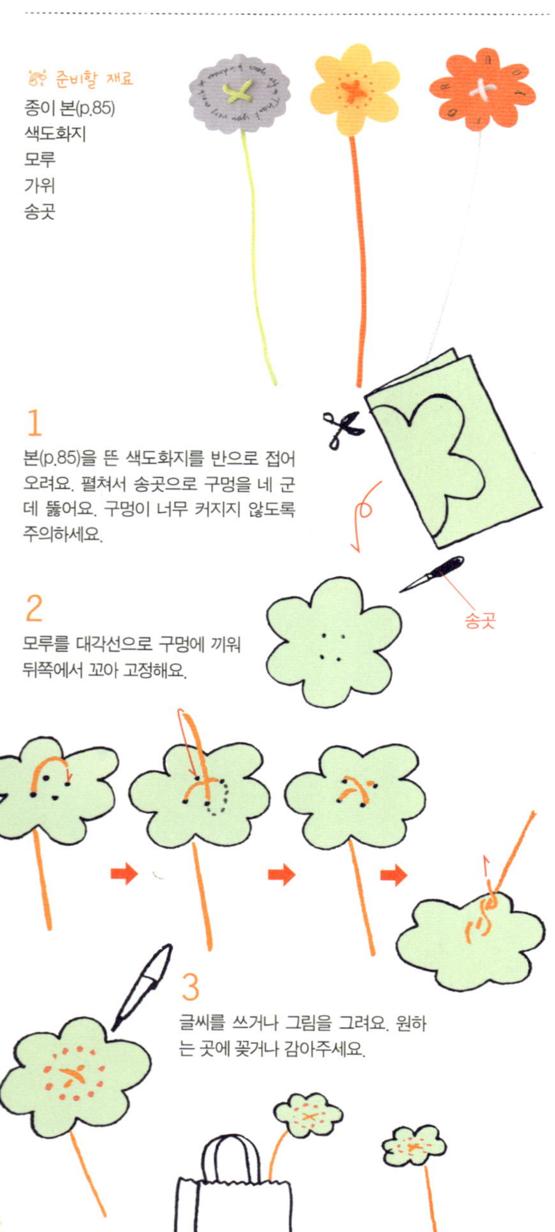

🐝 준비할 재료
종이 본(p.85)
색도화지
모루
가위
송곳

1

본(p.85)을 뜬 색도화지를 반으로 접어
오려요. 펼쳐서 송곳으로 구멍을 네 군
데 뚫어요. 구멍이 너무 커지지 않도록
주의하세요.

2

모루를 대각선으로 구멍에 끼워
뒤쪽에서 꼬아 고정해요.

3

글씨를 쓰거나 그림을 그려요. 원하
는 곳에 꽂거나 감아주세요.

13

과일 입체 카드

🐝 준비할 재료
종이 본(p.87)
색도화지
커터 칼
가위
스테이플러
풀

1

본(p.87)을 뜬 색도화지를 반으로
접어서 필요한 장수만큼 오려요.
가지와 잎은 펼쳐서 커터 칼로 잘
라 주세요.

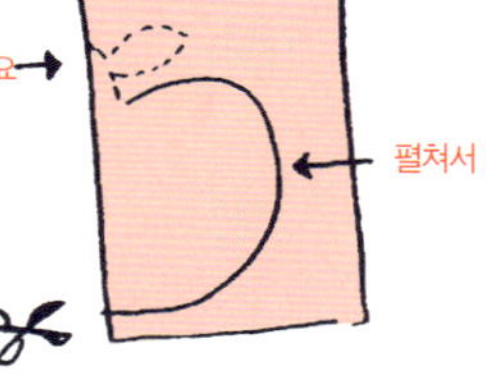

2

가지가 붙은 종이에 그보다
한 치수 작은 연노란색 종이
도 오려 풀로 붙여요.

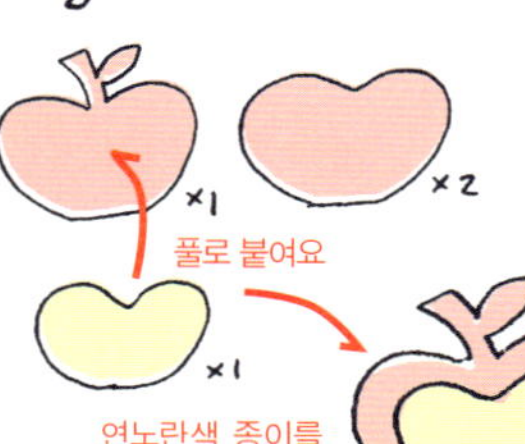

3

2에서 만든 부분이 가운데에 들
어가도록 남은 두 종이를 같이
겹쳐놓고 스테이플러로 철해요.

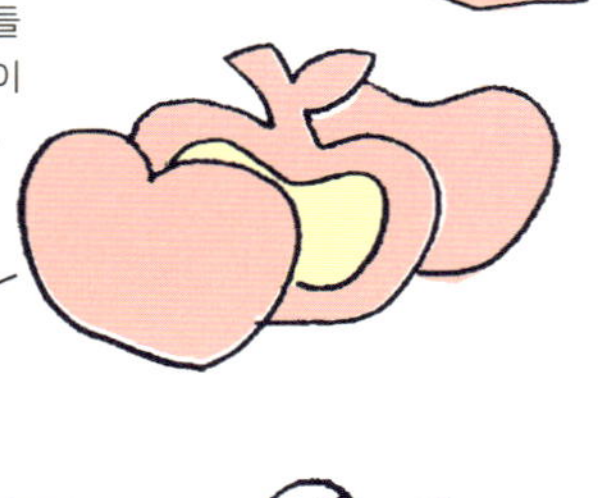

4

입체가 되도록 각 종이를
펼쳐요. 우편으로 보낼 때
는 펼치지 않고 그대로 봉
투에 넣어요.

14

메 시 지 클 립

🐝 준비할 재료
종이 본(p.89~90)
색종이
젬클립
커터 칼
가위

1

본(p.89~90)을 뜬 색종이
를 반으로 접어 오려요.
본을 사용하지 않고 원하
는 모양으로 잘라도 돼요.

2

1에서 오린 종이를 펼쳐서
젬클립을 끼울 부분에 칼집
을 넣어요.

젬클립 

3

젬클립을 끼워 고정
하면 완성이에요.

15

팝 업 메 시 지

🐝 준비할 재료
종이 본(p.91~92)
컬러 켄트지
스티커
커터 칼
가위
송곳
자

송곳

자 

1

쉽게 접히도록 켄트지의 중앙을
송곳으로 눌러 자국을 내요.

2

반으로 접어 본(p.91~92)을 떠서
커터 칼로 칼집을 내요. 눈은 송곳
으로 뚫고, 입이나 코는 가위로 가
윗밥을 넣어요.

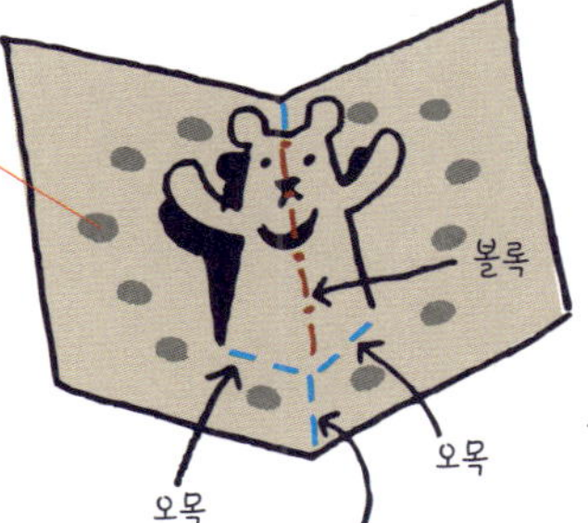

스티커

볼록

오목

오목

오목

볼록 ━ ·━ ·━ ·━ ·

오목 ━ ━ ━ ━ ━

자른 문양이 일어날 수 있게 그림처럼 '볼록 접기'와 '오목 접기'로 접으면서
카드를 반으로 접어요. 마지막으로 스티커를 붙여 장식해요.

작고 작은 편지 세트

명함 크기의 엽서는 어떠세요?
작고 작은 편지지와 편지봉투도 만들어 보았어요.
룰렛이나 머리빗으로 괘선을 찍어주면 아주 예쁜 편지지가 탄생해요.
어쩐지 우편 배달부가 된 듯한 느낌이에요.

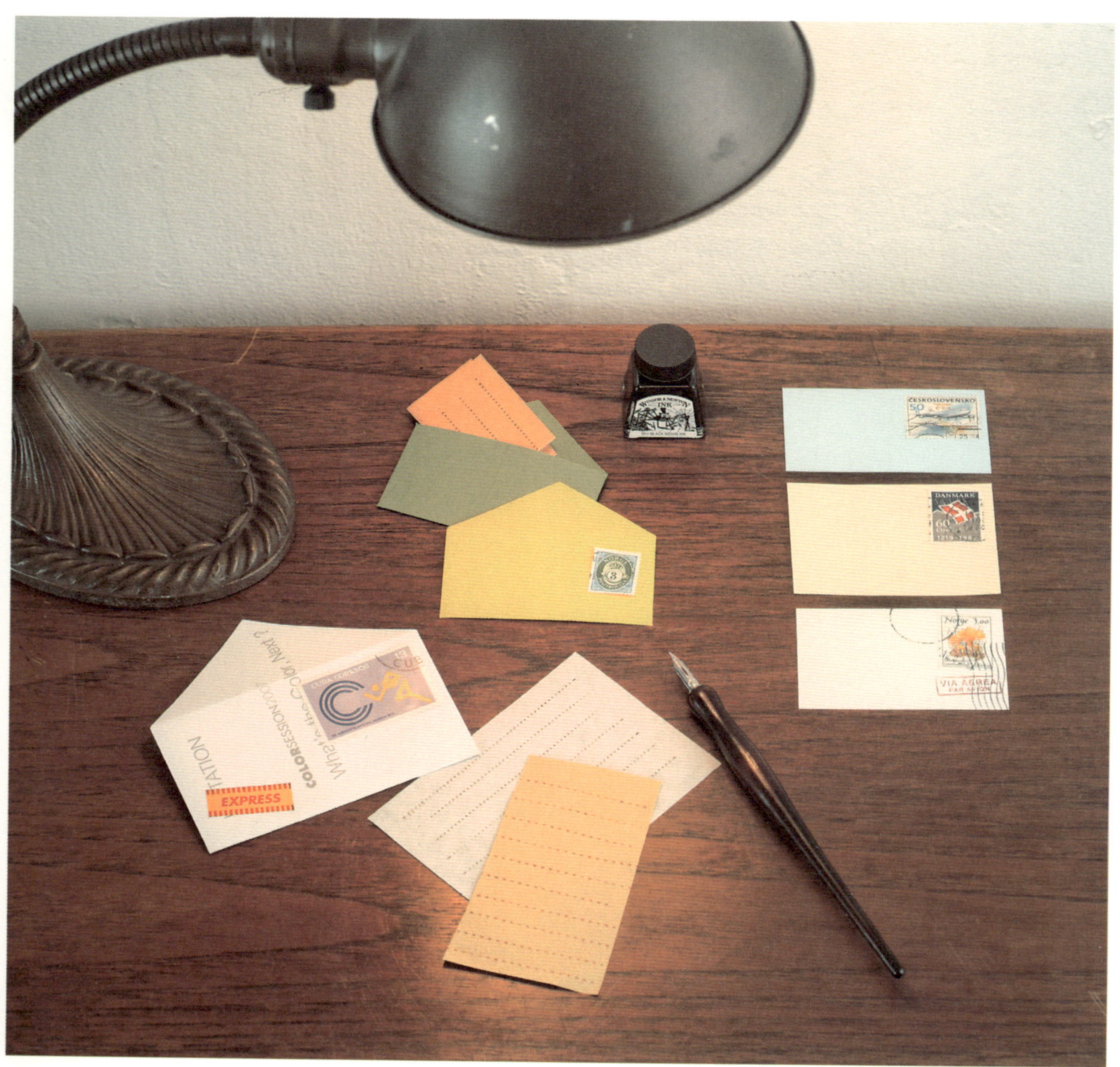

작고 작은 편지세트

마스킹테이프로 항공 우편의 느낌을 살려보았어요.
수공예품이라서 그런지 한층 더 귀여워 보여요.
테이프의 색상 조화가 감각을 엿볼 수 있는 포인트예요.
다양한 색상의 마스킹테이프를 준비해 보세요.

Message Item

16 작고 작은 편지 세트

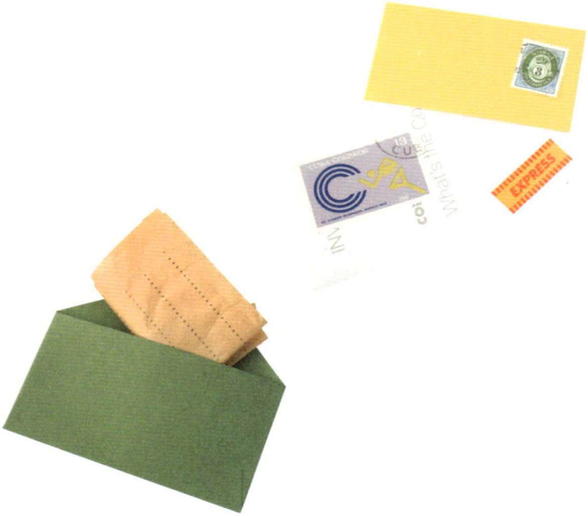

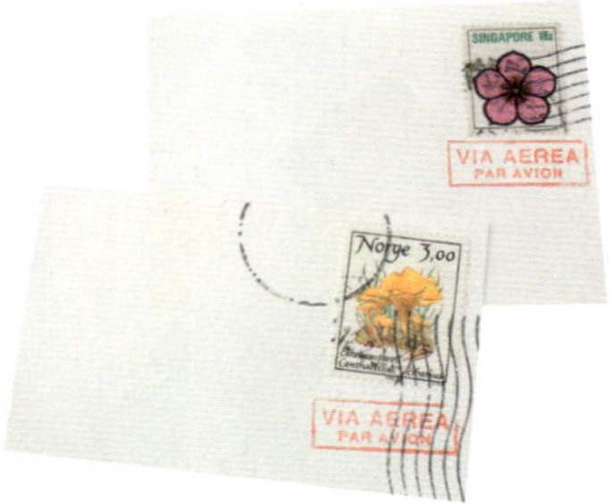

준비할 재료

명함 크기의 켄트지
편지지용 종이
봉투
다 쓴 우표
스탬프
스티커
머리빗
룰렛
잉크 패드

작고 작은 편지 세트

1

명함 크기로 자른 켄트지에 다 쓴 우표를 붙여요.

2

스탬프나 스티커가 있으면 장식해 주세요.

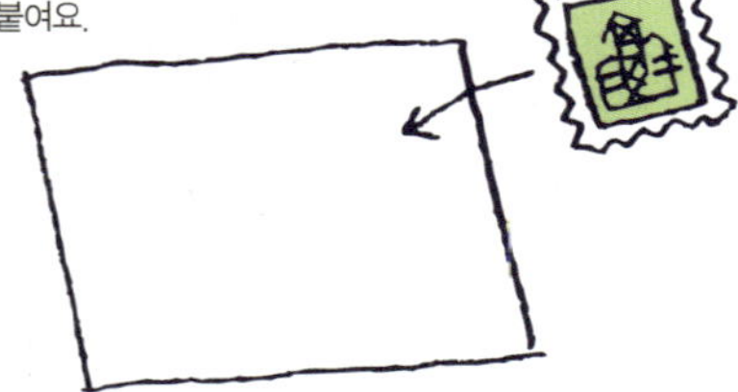

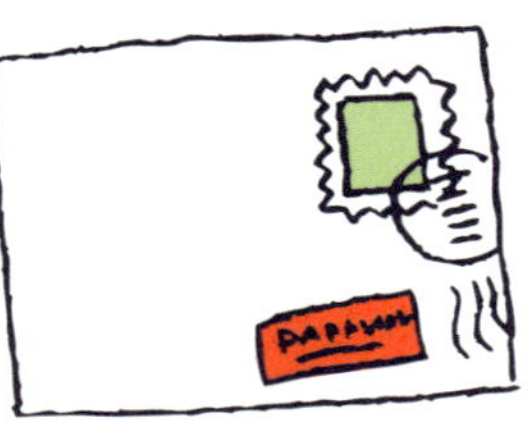

여러 가지 스탬프

작고 작은 봉투

1

봉투를 원하는 크기로 자르고, 다시 입구 부분을 세모로 잘라요.

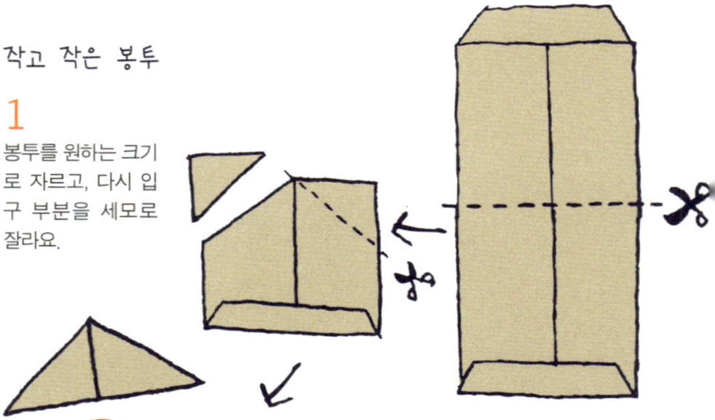

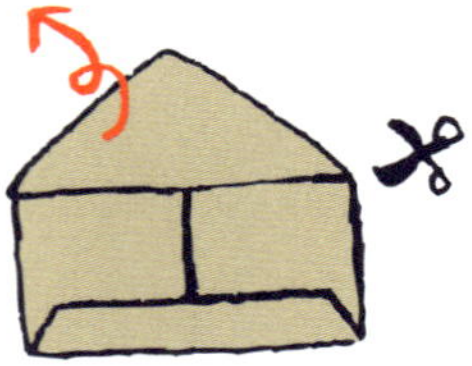

2

뚜껑이 생기도록 봉투의 뒤쪽만 수평으로 잘라내요.

3

작고 작은 엽서와 마찬가지로 다 쓴 우표나 스탬프로 장식해요.

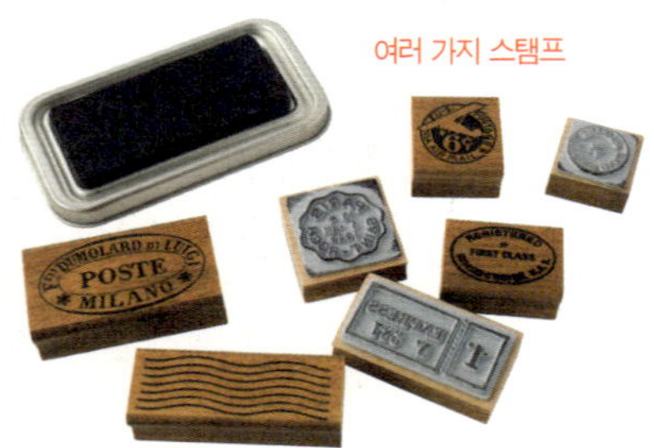

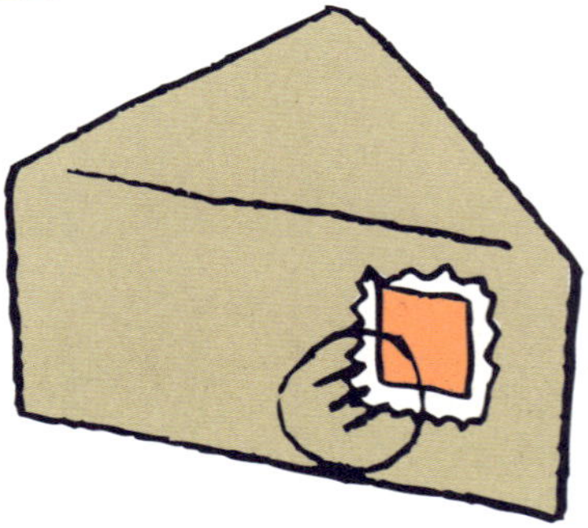

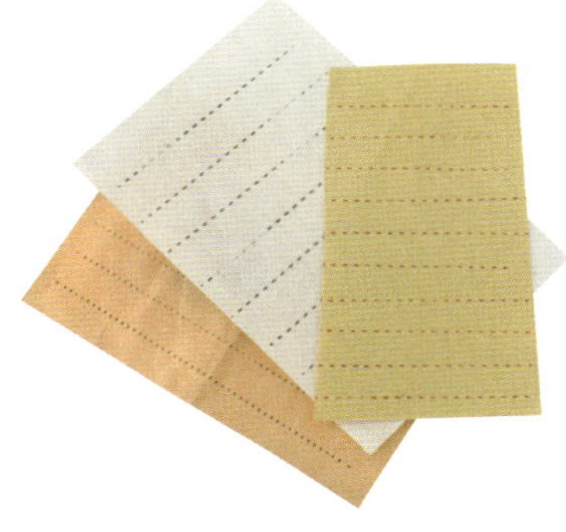

스탬프 괘선 편지지

1

편지지가 될 종이를 준비해요. 복사지 두께 정도의 색지가 있으면 아주 좋아요. 머리빗은 가로 폭이 약 8~10cm 정도의 크기가 좋고, 룰렛은 톱니 간격이 너무 넓지 않은 것으로 준비해요.

머리빗으로 점선 찍기

머리빗에 잉크를 묻혀 종이에 찍기만 하면 완성이에요!

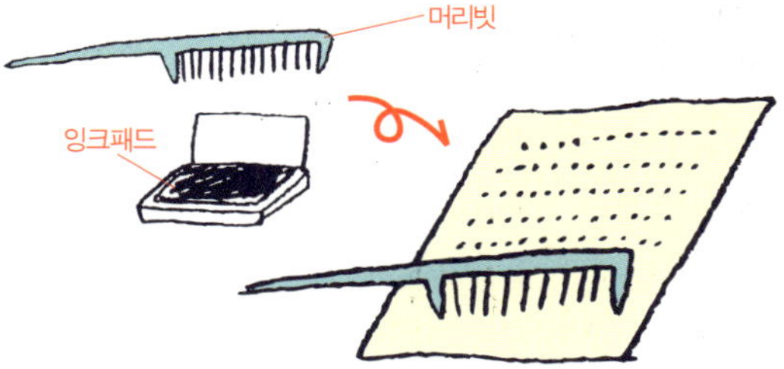

룰렛으로 점선 찍기

룰렛을 잉크 패드 위에서 한번 굴리고 나서 종이 위에서 다시 굴려주세요. 아주 간단하지만 결과물은 기대 이상이랍니다.

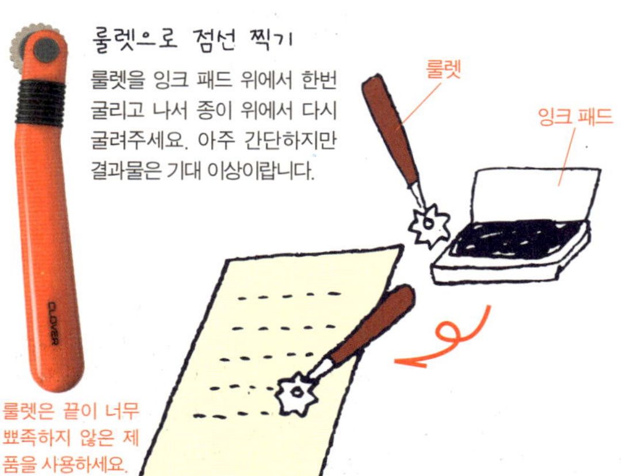

17

항공 우편 느낌의 편지 세트

 **준비할 재료**

봉투
마스킹테이프
스티커
스탬프
커터 칼
재단판

1

한두 가지 색의 마스킹테이프를 사선으로 균등하게 잘라요. 많이 만들어 두세요. 재단판에 붙여놓고 자르면 작업하기가 쉬워요.

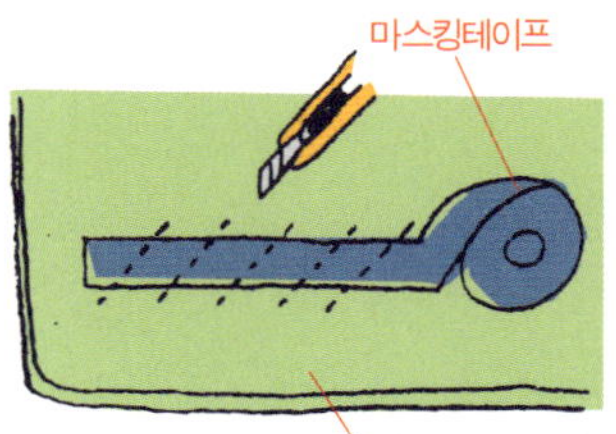

2

봉투의 가장자리를 따라 예쁘게 붙여요. 앞면이 깔끔하다면 뒷면이 다소 엉성해져도 신경 쓰지 마세요.

3

스탬프나 스티커로 그럴듯하게 장식해 주세요.

※ 마스킹테이프를 정사각형으로 잘라서 삼각형이 되도록 앞뒤로 붙여도 좋아요!

Message Item

18

연립주택 카드

연립주택의 나란한 창문을
하나씩 열어보는 재미가 쏠쏠한 카드예요.
우표만 붙이면 이 상태 그대로 부칠 수 있어
엽서처럼 써도 된답니다.

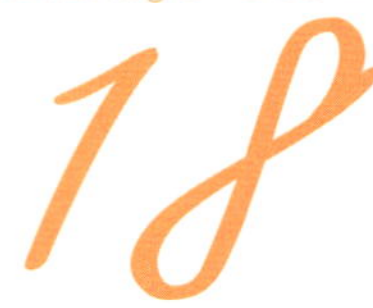

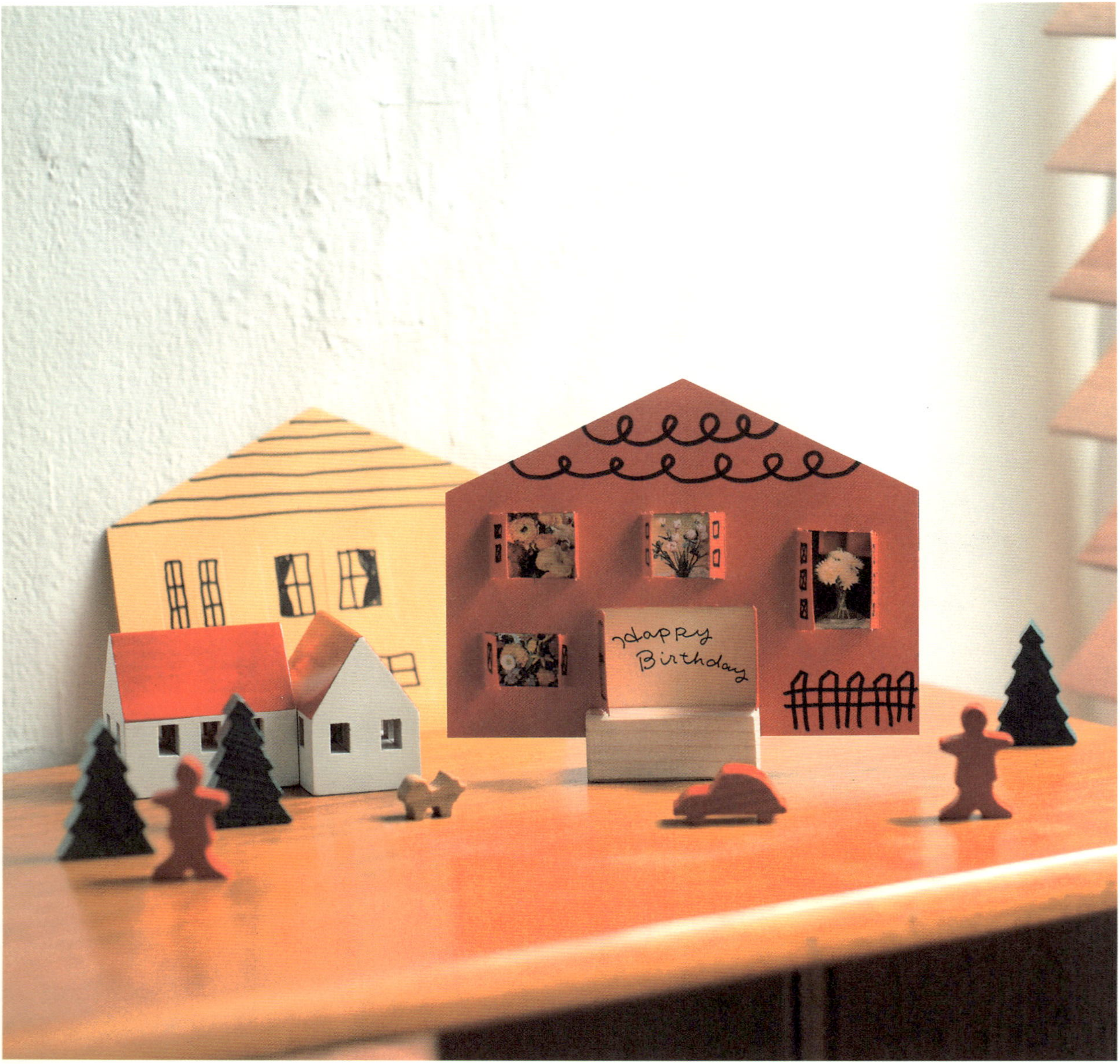

19

절취선 카드

열릴 때는 나는 따다닥 소리가 듣기 좋은,
개봉하는 재미가 있는 카드예요.
재미있는 도안을 고르면 개봉할 때의
즐거움이 배가 되지요.

18

연립주택 카드

준비할 재료

컬러 켄트지
잡지, 사진 등
커터 칼
점선커터
송곳
양면테이프
셀로판테이프
펜

1

컬러 켄트지를 반으로 접어 엽서만 한 크기로 잘라요. 다시 윗부분을 삼각형으로 자르세요.

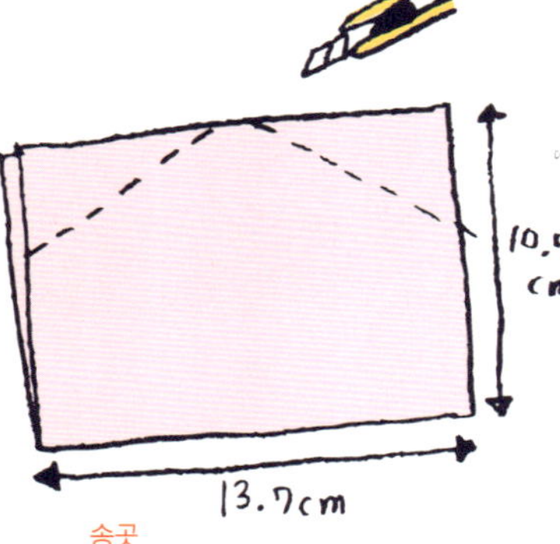

2

펼쳐서 창문 하나마다 구멍을 네 군데 뚫어요. 송곳을 이용하세요(창문 모서리 표시예요.).

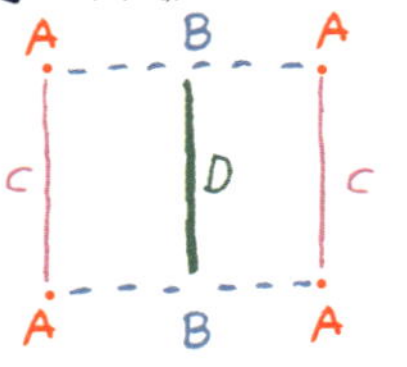

3

2에서 뚫은 구멍 가운데 세로 변은 송곳으로 선을 그어 자국을 내고, 가로변은 점선커터로 절취선을 넣어요. 커터 칼로 한가운데에 세로로 칼집을 넣어요. 이렇게 하면 창문 하나가 완성돼요.

A 송곳 구멍
B 점선커터의 절취선
C 송곳으로 낸 자국
D 커터 칼로 낸 칼집

4

뒤집어서 잡지에서 오려낸 그림이나 사진, 메시지 등을 창문 안쪽에 셀로판테이프로 붙여요.

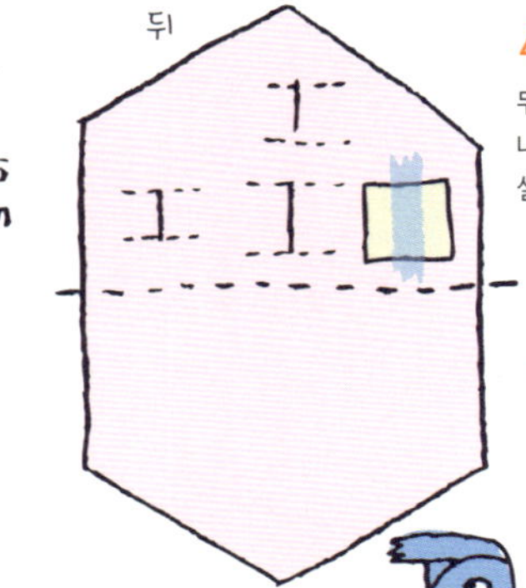

잡지에서 오려낸 그림

메시지

셀로판테이프

5

다시 앞으로 놓고 안쪽을 양면테이프로 봉합해요.

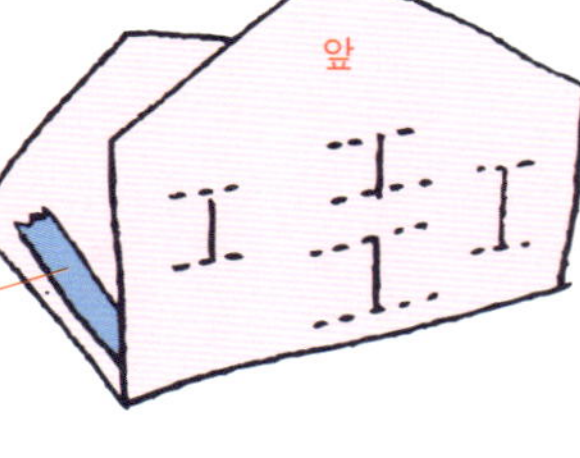

양면테이프

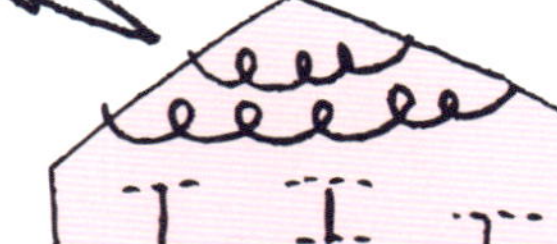

6

지붕도 그려 넣고 집 모양을 꾸며주면 완성이에요(창문을 열기 전의 상태라면 우표를 붙여 멀리 보낼 수도 있어요.).

19

절취선 카드

엽서
점선커터
커터 칼
양면테이프
송곳
자

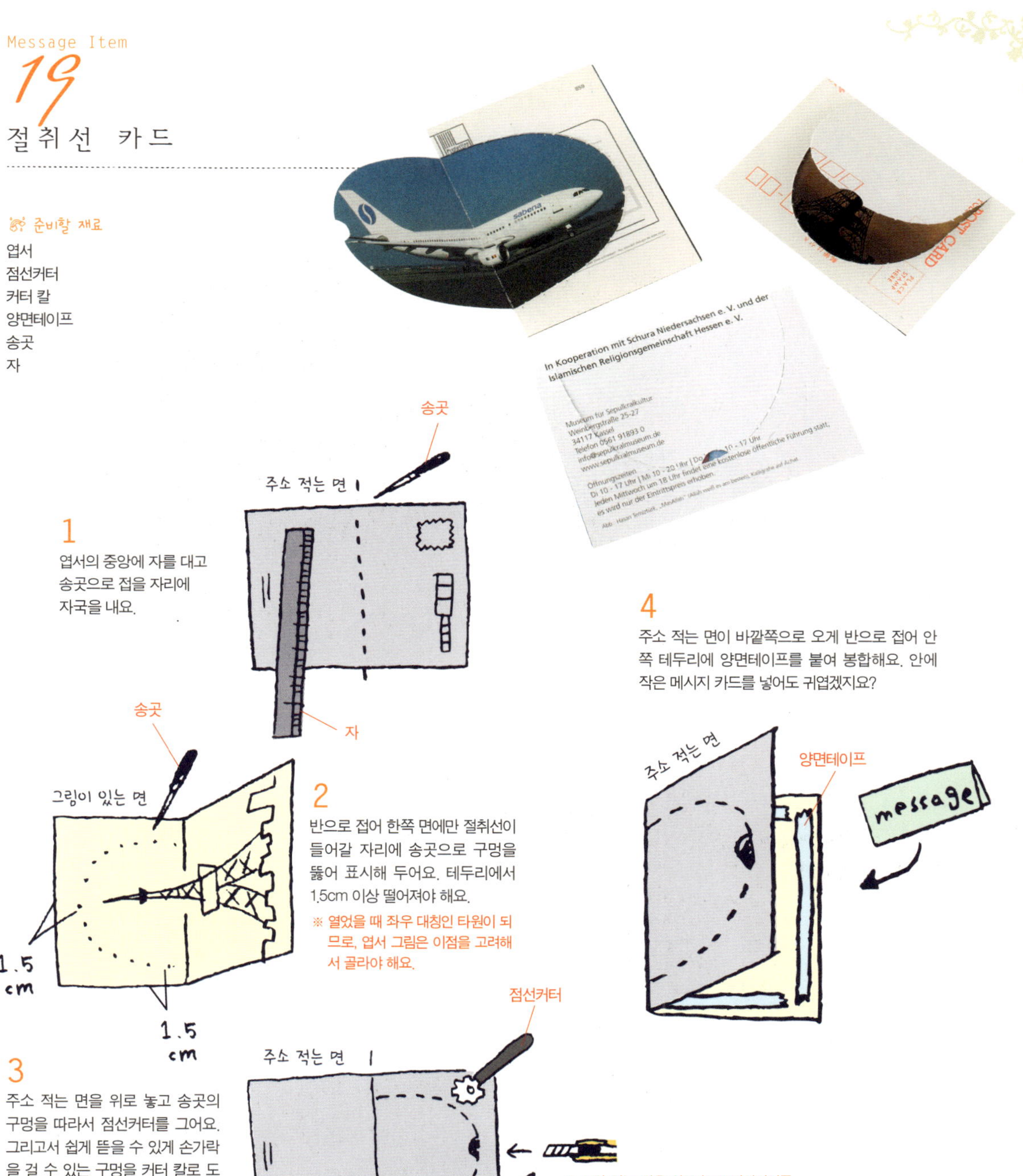

1

엽서의 중앙에 자를 대고 송곳으로 접을 자리에 자국을 내요.

2

반으로 접어 한쪽 면에만 절취선이 들어갈 자리에 송곳으로 구멍을 뚫어 표시해 두어요. 테두리에서 1.5cm 이상 떨어져야 해요.

※ 열었을 때 좌우 대칭인 타원이 되므로, 엽서 그림은 이점을 고려해서 골라야 해요.

3

주소 적는 면을 위로 놓고 송곳의 구멍을 따라서 점선커터를 그어요. 그리고서 쉽게 뜯을 수 있게 손가락을 걸 수 있는 구멍을 커터 칼로 도려내요.

※ 그림 있는 면을 위로 놓고 점선커터를 그으면 열기가 힘들어요. 반드시 주소 적는 면을 위로 놓고 그으세요.

4

주소 적는 면이 바깥쪽으로 오게 반으로 접어 안쪽 테두리에 양면테이프를 붙여 봉합해요. 안에 작은 메시지 카드를 넣어도 귀엽겠지요?

폴라로이드 느낌의 카드

폴라로이드 사진의 느낌만이라도
느끼고 싶을 때……
살짝 튀어나온 손잡이가 마치 색인처럼 보이는
독특한 카드예요.

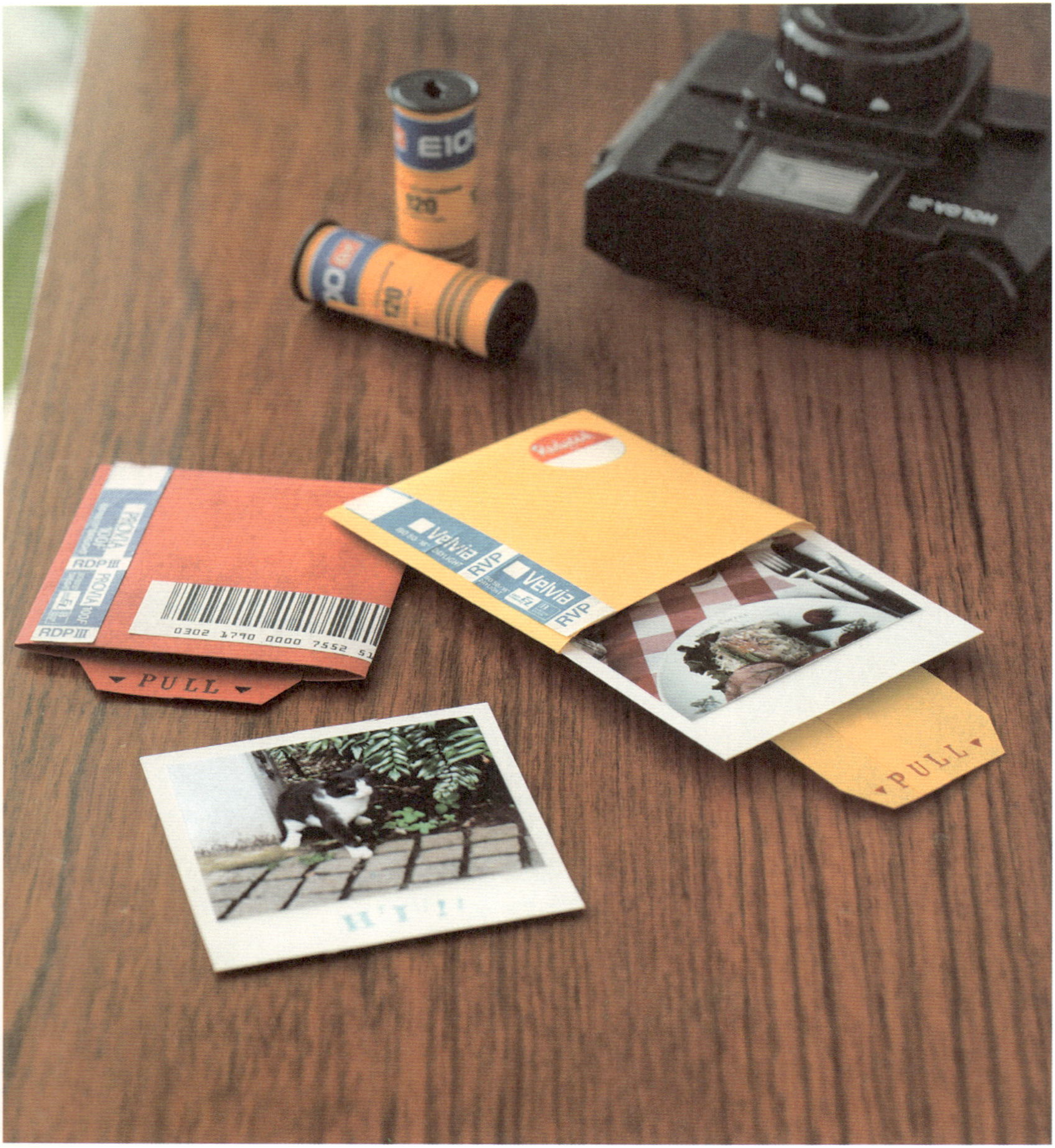

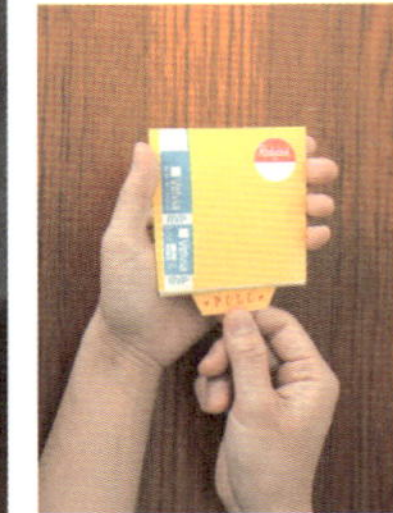

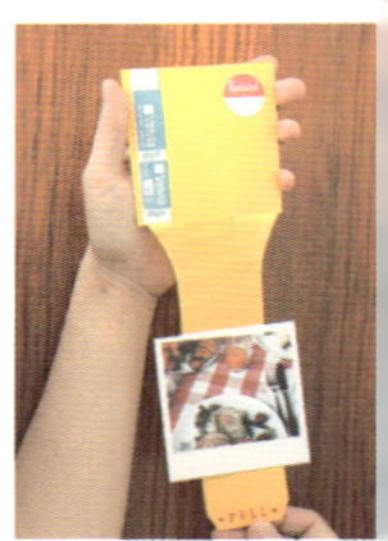

우표 느낌의 편지지

봉투를 열면 우표처럼 보이는 편지지가 짜잔!
다소 장난기도 느낄 수 있는 편지지예요.
펀치로 장식한 테두리가 귀여워 보이네요.
여러 장을 묶음으로 만들어 한 장씩 뜯어 쓰세요.

20

폴라로이드 느낌의 카드

🎨 준비할 재료

도화지
사진(잡지에서 오려낸 그림도 OK)
봉투(직사각형)
가위
풀
스탬프
펜

1

바탕용 도화지를 8.5×8.5cm의 크기로 잘라요. 7.5×
6.5cm로 자른 사진이나 잡지 그림을 바탕지에 붙여요. 아
래쪽으로 여백을 조금 남겨 두세요. 그 공간에 메시지를
적어도 좋아요.

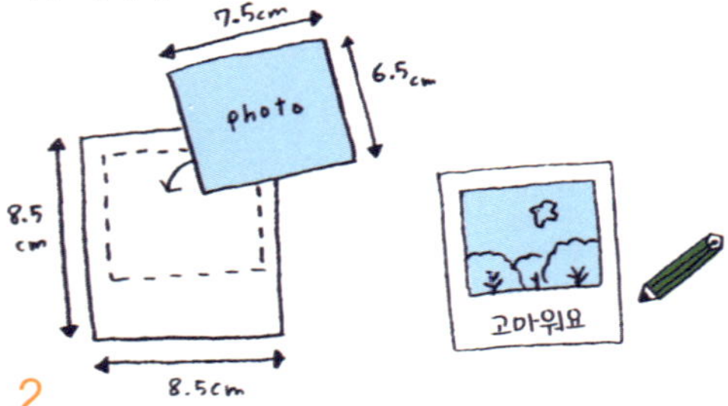

2

직사각형 봉투를 준비해서 그림과 같이 아래를 9cm 남기고 좌우 1.5cm
떨어진 지점을 잘라요. 뒤집어서 한쪽 면만 윗부분을 잘라 띠 모양으로
다듬어 주세요.

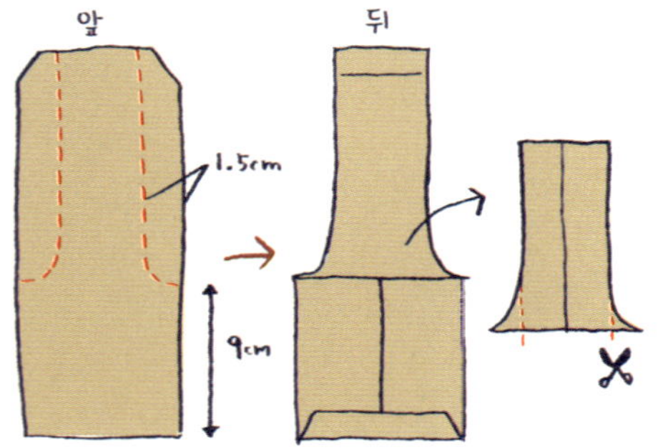

3

띠 모양으로 잘라낸 종이를 본체의
뚜껑 부분에 풀로 붙여요.

풀을 바르는 면을 이용하면
편리해요.

4

왼쪽 그림의 크기로 잘라서 송곳
으로 선을 표시하고, 모서리를
1cm 잘라내요. 이 부분이 손잡이
에 해당해요.

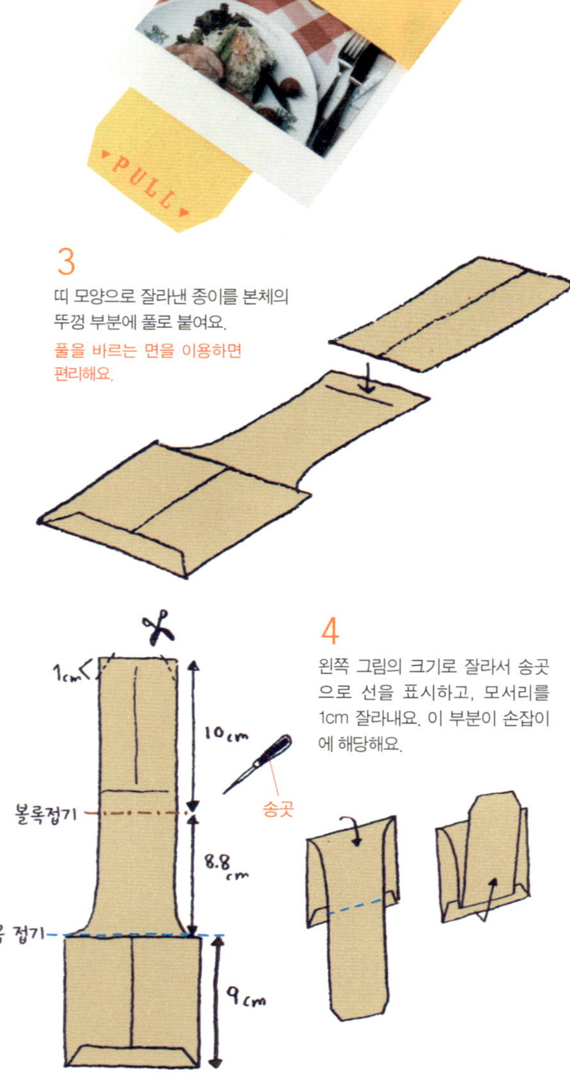

21

우표 느낌의 편지지

준비할 재료

종이
색색의 노트
펀치
스테이플러
가위
스탬프

5

표시한 선을 따라 봉투 안으로
접어 넣어요.

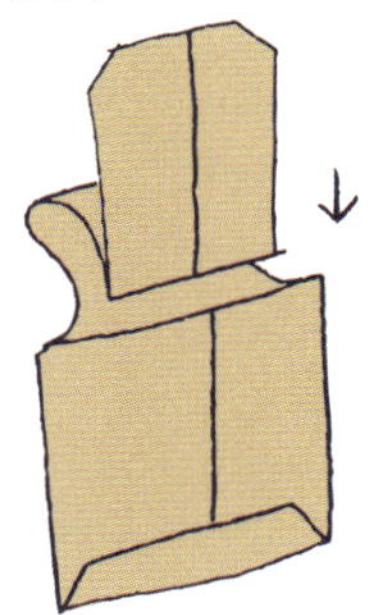

6

손잡이 부분에 'PULL'이라고 스탬
프를 찍고 잡아당길 방향을 삼각형
으로 표시해요. 봉투 겉면을 장식
하고 카드를 넣으면 완성이에요.

1

10×7cm의 종이를 10장 정도 겹
쳐놓고 스테이플러로 두 군데를
철해요. 되도록 가장자리 가까이
에 철심을 박아요.

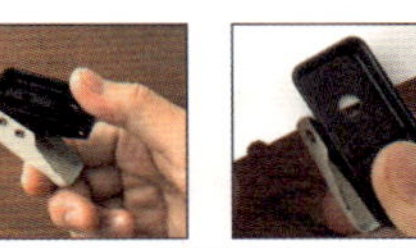

펀치를 뒤집어서 구멍의 위치를 확인해
가며 뚫으세요.

2

우표 모양이 되도록 종이 둘레에 펀치를
찍어요. 1공 펀치가 더 편리해요. 펀치를
뒤집어서 구멍 위치를 확인해가며 뚫으
면 편해요.
스테이플러로 철한 부분은 철심 안쪽으
로 구멍을 뚫어요.

3

7.5×5.5cm로 노트를 잘라 종이에 붙여요.
한쪽 구석에 숫자 스탬프를 찍으면 우표
느낌이 살아나지요.

동물 메신저

사무실에서 이런 귀여운 메신저가
소식을 알려준다면
누구든지 빙그레 웃지 않을 수 없겠지요?
사무적인 일도 반갑게 느껴질지 몰라요.

맥주잔과 머그잔 메신저

커피와 맥주가 전해주는 메시지……
틀림없이 즐거운 약속이 기다리고 있겠지요?
때로는 동료에게 이렇게 재미있는 메시지를
살짝 보내보면 어떨까요?

22

동물 메신저

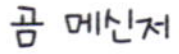
준비할 재료
종이 본(p.93)
색도화지
색종이
커터 칼
가위

곰 메신저

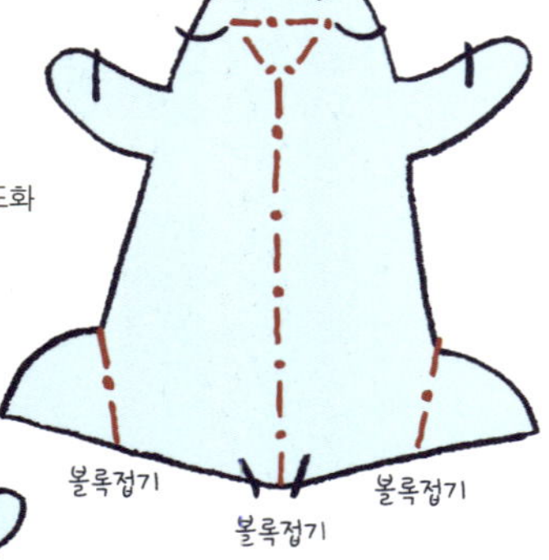

1
p.93의 본을 사용해서 색도화지를 오려요.

볼록접기　볼록접기　볼록접기

2
그림과 같이 점선을 따라 볼록 접기를 해요. 귀 부분과 메시지를 끼울 손 부분에 칼집을 넣어요.

3
색종이에 메시지를 적어 칼집을 낸 손에 끼워요.

고양이 메신저

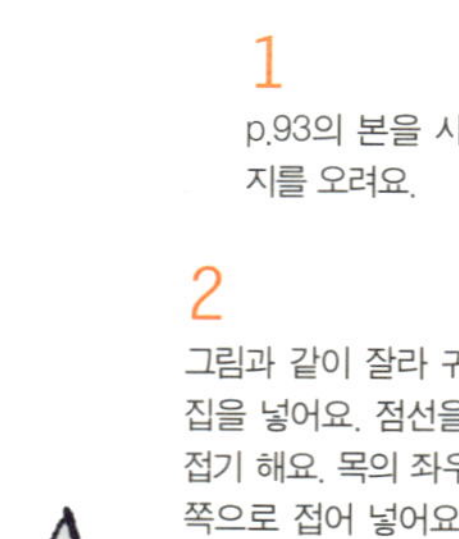

1
p.93의 본을 사용해서 색도화지를 오려요.

볼록접기　볼록접기

2
그림과 같이 잘라 귀 부분에 칼집을 넣어요. 점선을 따라 볼록 접기 해요. 목의 좌우 부분은 안쪽으로 접어 넣어요. 꼬리는 돌돌 말아요.

3
색종이에 메시지를 적어 둥글게 말아요. 다시 꼬리와 함께 말아요.

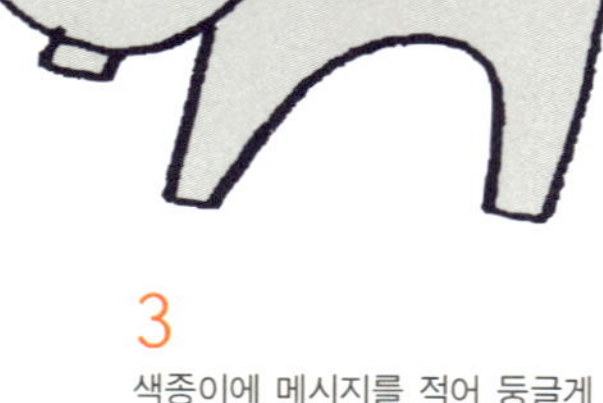

23

맥주잔과 머그잔 메신저

🎀 준비할 재료
색종이
종이(복사용지 등)
커터 칼
가위
스테이플러

맥주잔 메신저

1

그림과 같이 색종이를 잘라요.

※ 뒷면이 흰색인 종이로 만
  들면 손잡이가 흰색이 되
  어 더욱 그럴싸해요.

2

손잡이 부분은 직각으로 접고,
잔 부분은 1.5cm 정도 겹치도
록 둥글게 말아 스테이플러로
철해요.

3

거품 종이에 메시지를 적고
가윗밥을 넣어 맥주잔에 끼
워요.

머그잔 메신저

1

그림과 같이 색종이를 잘라요.

2

손잡이 부분은 직각으로 접
고, 잔 부분은 1.5cm 정도 겹
치도록 둥글게 말아 스테이
플러로철하고 손잡이 부근에
가윗밥을 넣어요.

3

김 종이에 메시지를 적고 가윗밥을
넣어 컵의 가윗밥과 맞물리도록
하세요.

24

생일 카드

제빵에 주로 사용하는 레이스페이퍼는 그 자체로도 참 사랑스럽지요.
그런데 품을 조금만 들이면 가슴에 와 닿는 메시지 카드로 변신해요.
생일 축하하는 물론이고, 결혼 축하, 출산 축하 등 다양하게 활용해 보세요.
만들기도 쉬우니까 기회가 있을 때마다 레이스페이퍼를 모아 두세요.

25

비밀 명함 덮개

회사 이름이나 직책이 들어간 명함에 덮개를 씌워
비밀스럽고 귀엽게 꾸며보세요.
덮개에 다른 주소나 메일 주소를 적어 보낼 수도 있어요.
메시지를 덧붙이면 더욱 인상적으로 보일 거예요!

24

생일 카드

🐝 준비할 재료

레이스페이퍼
색종이
마스킹테이프
셀로판테이프
양면테이프
리본
펜

가위
커터 칼
스테이플러
스탬프

1

스탬프로 메시지를 넣어요.

2

레이스페이퍼에 칼로 문양을 새겨요.

양초

마스킹테이프로 양초를 붙이고 빨간색
펜으로 불꽃을 표현해요.

선물

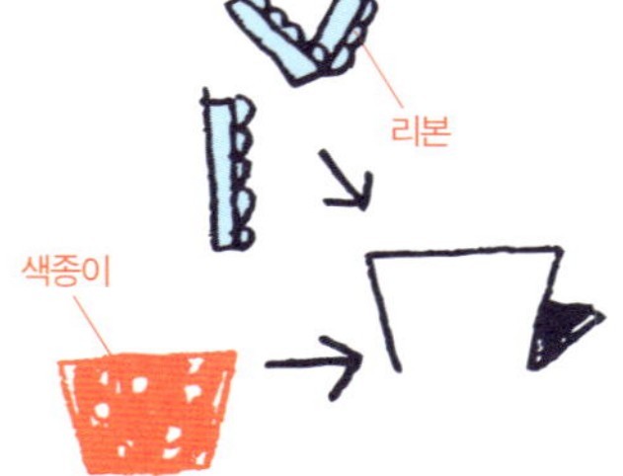

리본을 V자로 접어 뒤쪽에서 셀로판테이
프로 고정해요. 앞쪽에는 색종이를 붙이
고, 다시 리본을 세로로 붙여요.

케이크

그림의 빨간색 부분에 칼집을 넣어요.

끼운 리본을 양면테이프로
앞뒤 모두 붙여요.

그림과 같이 고리를 만들어
양면테이프로 앞면에 고정
해요.

레이스페이퍼 인형

1
레이스페이퍼를
그림과 같은 모양
으로 잘라요.

2
얼굴을 그리고 메시지를
적어요.

3
치마 부분을 둥글게
말아 뒷부분에서 스
테이플러로 철해요.

4
레이스를 잘라 만든 왕관
과 리본에 양면테이프로
붙여요.

25
비밀 명함 덮개

준비할 재료
봉투
가위
커터 칼
펀치
송곳
재단판

1
봉투의 모서리를 명함 크기로
잘라요.

2
명함을 겹쳐놓고 송곳
으로 이름 위치에 자
국을 새겨요.

3
재단판에 끼워 커터 칼로
창문을 도려내요.

4
주소며 휴대전화 번호 등을 적어요. 펀치
로 장식 구멍을 뚫어요. 스탬프나 우표로
장식해도 좋아요.

Column

우표가 정말 좋아요!

저는 초등학생 시절부터 친구들과 우표클럽을 만들 정도로 우표를 좋아했어요. 다 쓴 우표를 가져와 서로 교환하는 행사를 열기도 했고, 기념우표 발매일에는 빼놓지 않고 우체국 창구로 달려갔어요.

어쩌다 외국에 나갔을 때도 제 우표 사랑은 식을 줄을 몰랐어요. 호텔 직원에게 우체국이 어디 있느냐고 물어보는 일은 예사였고, 매번 우편물박물관이나 벼룩시장을 찾아가 우표를 사들였어요.

햇볕이 강렬한 남미는 우표의 색상도 참 화려해요. 아시아의 섬나라에는 물고기나 꽃을 주제로 한 우표가 많고, 날씨가 흐린 북유럽이나 사회주의국가의 우표는 색상이 수수한 편이에요. 이렇게 나라마다 특징이 있어서 우표를 모으면서 그걸 확인하는 것도 큰 재미 중의 하나예요.

저는 다 쓴 것이든 새 것이든 우표라면 가리지 않아요. 좋아하는 디자인의 우표를 갖고 있다가 마치 스티커처럼 여기저기에 붙여 사용하거든요. 이 책에서도 여러 아이템에 우표를 붙여 보았어요.

오케스트라 단원인 친구에게는 악기가 그려진 우표를 붙여주고, 고양이를 좋아하는 친구에게는 고양이가 그려진 우표를 붙여주고…….

수많은 우표 중에서 상대방을 생각하며 어울릴 만한 도안을 찾아내는 일은 받는 이뿐 아니라 보내는 저에게도 큰 기쁨이에요. 더불어 제 마음도 함께 전달되는 것 같거든요.

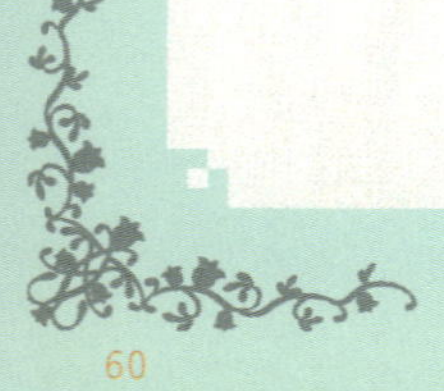

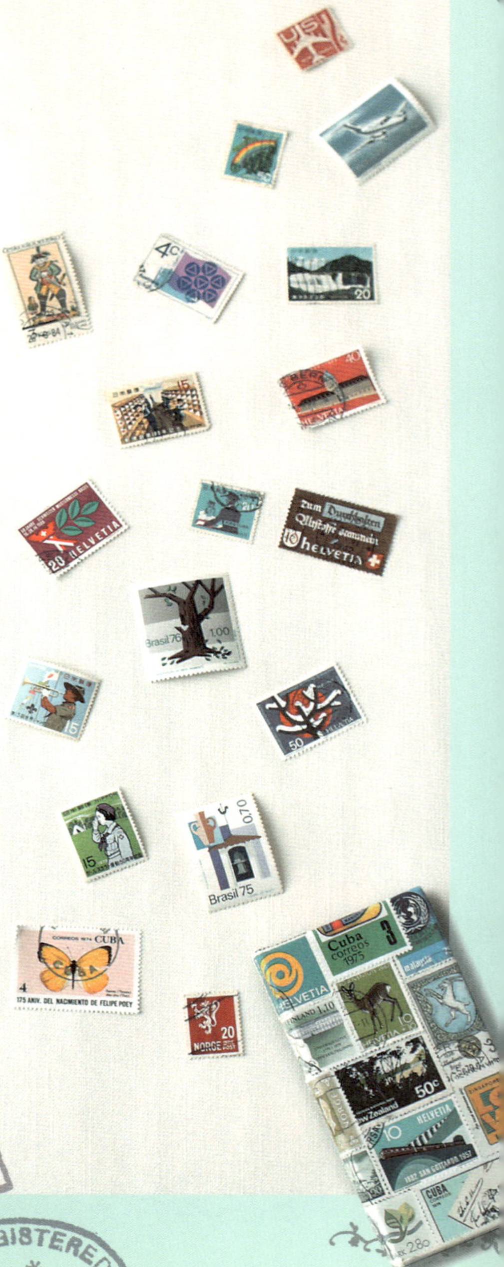

VIA AEREA
PAR AVION

REGISTERED
FIRST CLASS

Chapter 3

정리정돈을 해요

여러 사람에게서 받은 편지와 메시지들.
좀 더 소중하게 보관하는 것이 좋겠지요?
잘 정리할 수 있는 아이템이 있다면,
보기 좋게 깔끔하게 보관할 수 있을 거예요.
정리정돈을 도와주는 멋진 아이템들도
직접 만들어 보세요.

Filing Item

26

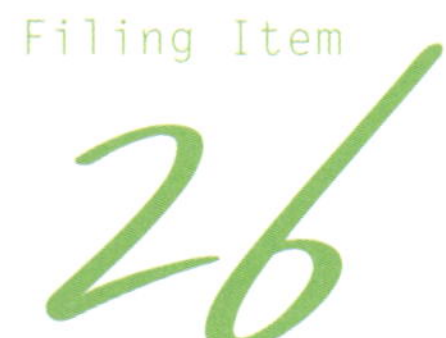

편 지 함

이런 상자가 있으면 편지나 엽서 정리가 더욱 즐거워질 거예요.
여러 개를 만들어서
엽서는 엽서대로, 편지는 편지대로, 장르별로, 연도별로
구분해서 보관하세요.

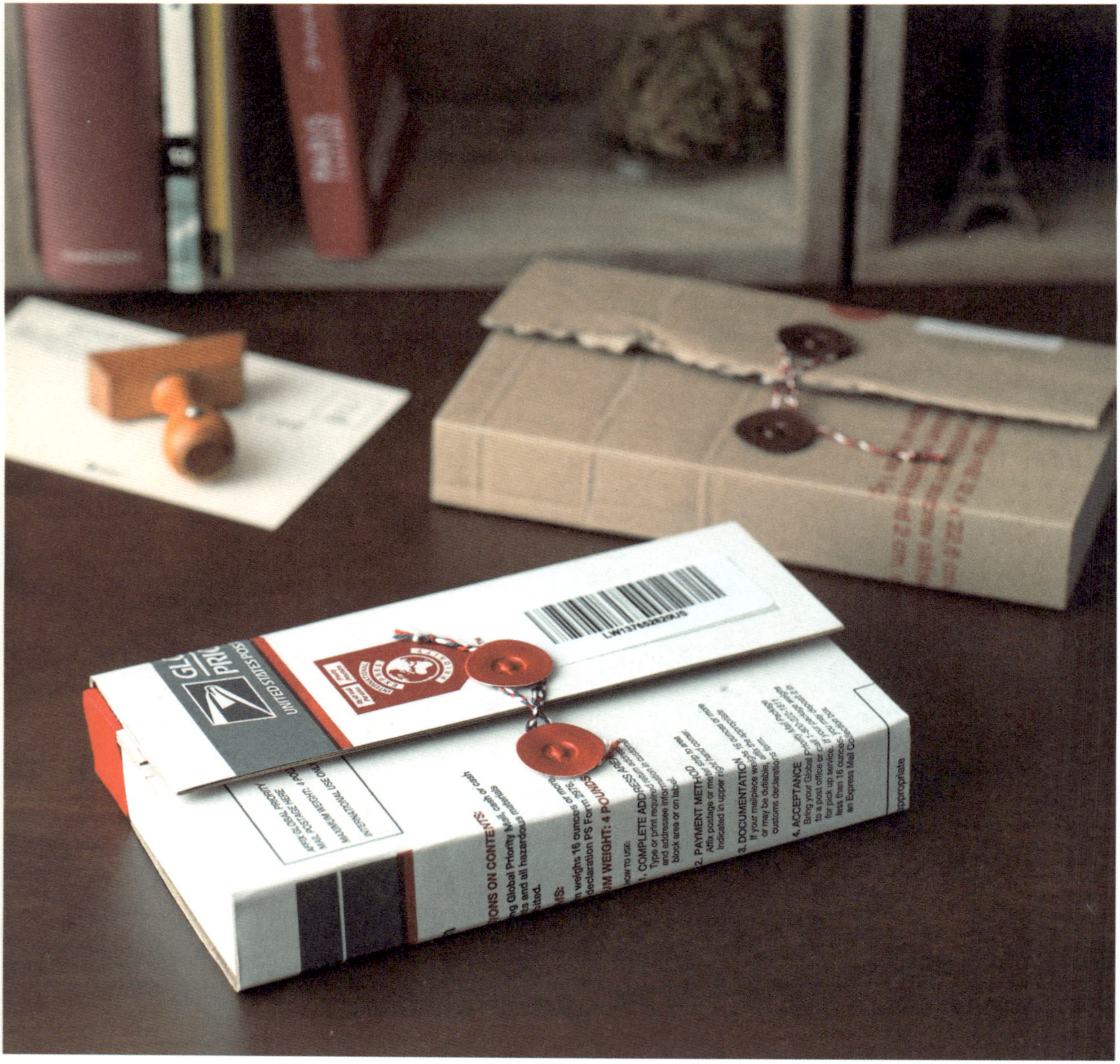

명 함 집

명함은 잘 정리해 두어야 찾기도 쉽고 꺼내기도 좋아요.
그래서 저는 명함 정리에 공을 들이는 편이에요.
이 명함집은 내용별로 구분할 수 있어 편리해요.
책상 위에 하나쯤 올려놓고 싶은 아이템이지요.

26

편지함

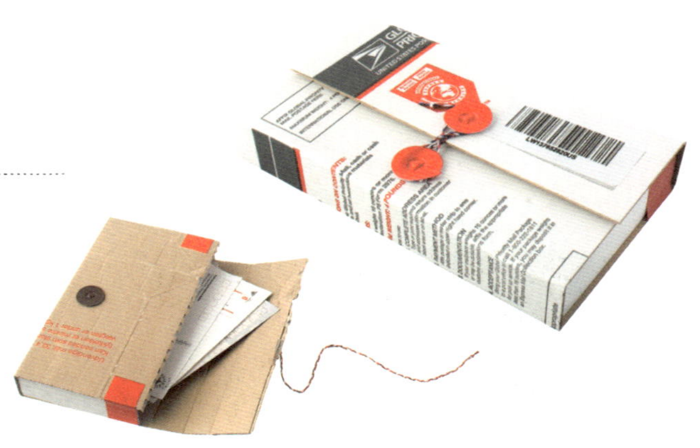

준비할 재료

비디오테이프 케이스
판지(포장 상자 등을 재활용해도 돼요)
봉인 스티커
땋은 끈(만드는 방법 p.30)
가위
커터 칼
송곳

1

비디오테이프의 케이스를 준비해요.
그림과 같이 케이스의 길이에 맞춰
판지를 잘라요.
뚜껑의 길이는 A 길이의 절반 정도가
좋아요.

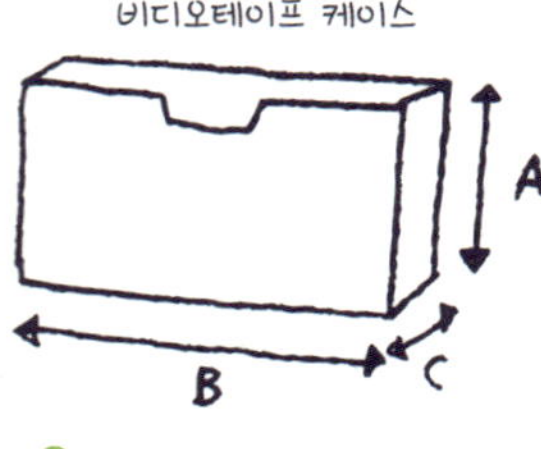

비디오테이프 케이스

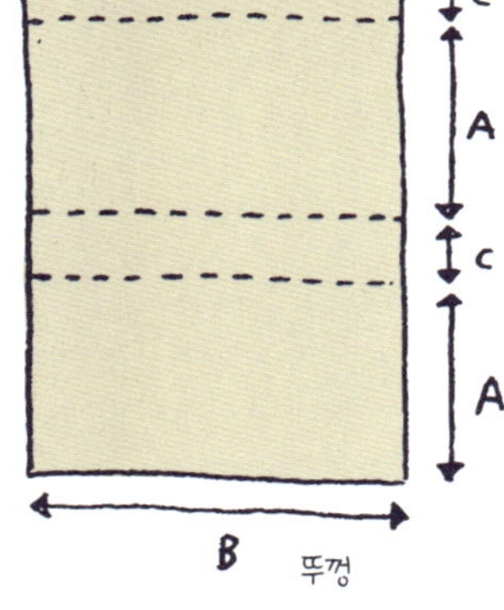

뚜껑

2

판지 위에 비디오테이프 케이스를 놓고
각 면의 길이를 송곳으로 표시해요.

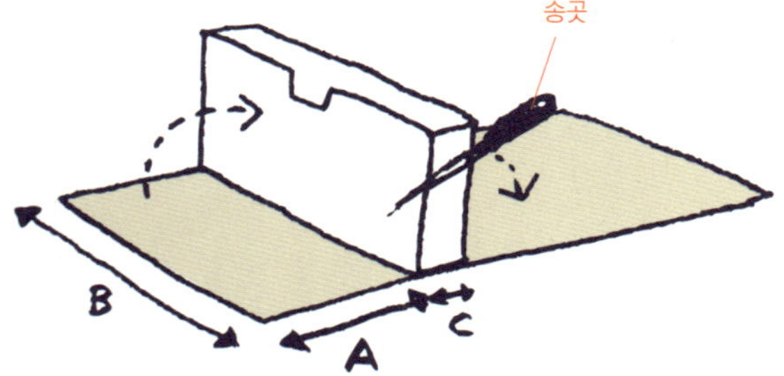

3

비디오테이프 케이스를
감싸듯이 판지를 접어요.

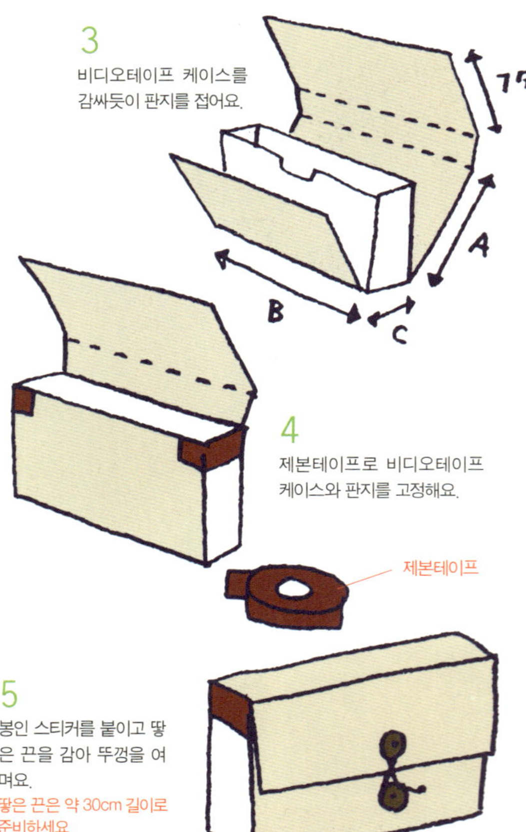

4

제본테이프로 비디오테이프
케이스와 판지를 고정해요.

제본테이프

5

봉인 스티커를 붙이고 땋
은 끈을 감아 뚜껑을 여
며요.
땋은 끈은 약 30cm 길이로
준비하세요.

Filing Item

27
명 함 집

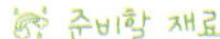

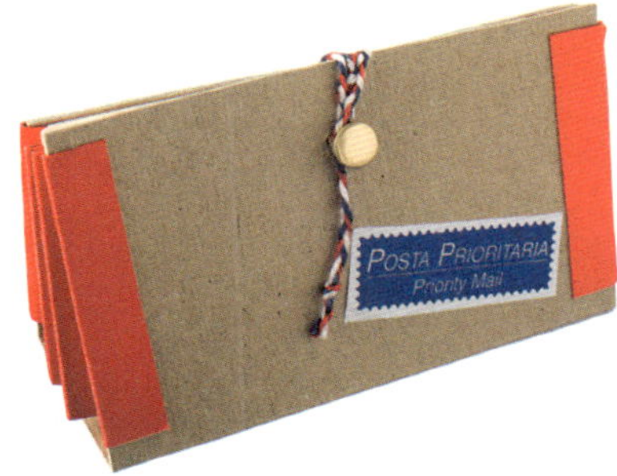

준비할 재료
- 판지
- 컬러 켄트지
- 분할핀
- 땋은 끈(만드는 방법 p.30)
- 제본테이프
- 양면테이프
- 커터 칼
- 가위
- 송곳

POSTA PRIORITARIA
Priority Mail

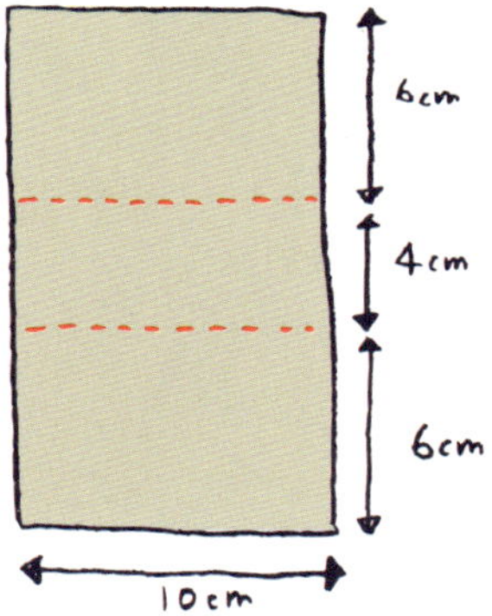

6cm
4cm
6cm
10cm

1
판지를 오른쪽 그림과 같은 크기로 잘라 송곳으로 접을 선을 표시해요.

2
컬러 켄트지를 아래 그림과 같은 크기로 잘라요. 송곳으로 자국을 내고, 병풍 모양이 되도록 볼록 접기와 오목 접기를 반복해요.

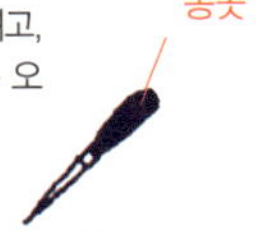

송곳

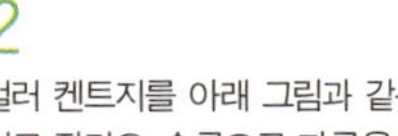

14cm
볼록 오목 볼록 오목 볼록 오목 볼록
2cm
5cm
1cm
1cm
↓ 이것을 2장 준비해요.
×2

3
2에서 만든 컬러 켄트지를 판지 본체의 양 옆에 양면테이프로 붙여요.

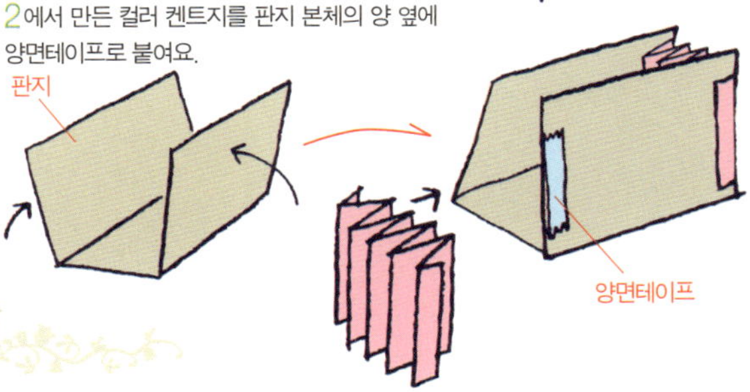

판지
양면테이프

4
본체의 판지에 커터 칼로 1cm 정도 칼집을 넣어요. 땋은 끈을 건 분할핀을 칼집에 끼워요. 안에서 분할핀을 벌려 제본테이프로 고정해요.

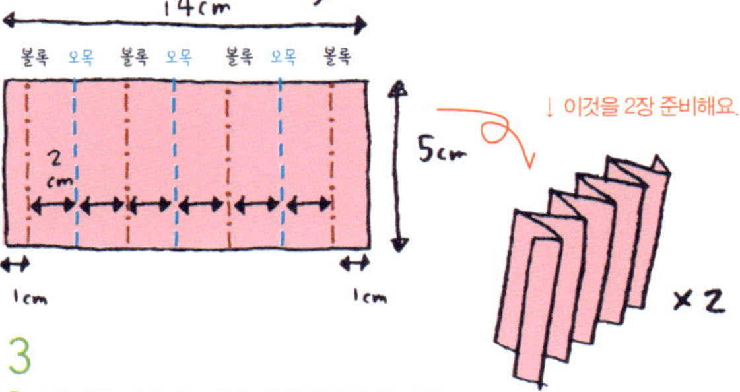

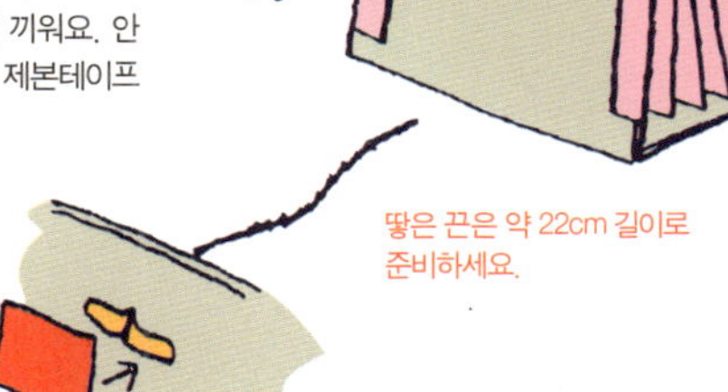

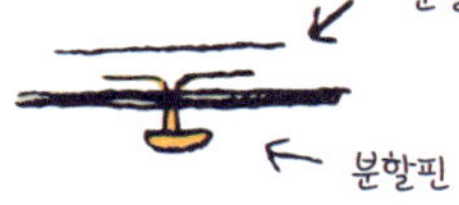

구멍에 끼우기 전에 땋은 끈을 걸어 묶어요.
18cm
땋은 끈은 약 22cm 길이로 준비하세요.
분할핀
분할핀

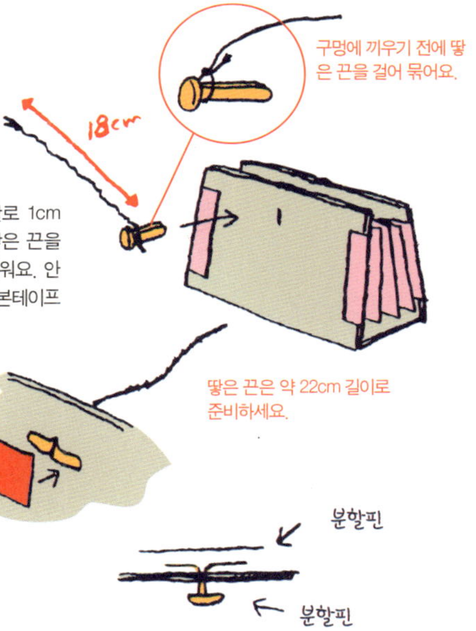

5
반대쪽에도 분할핀을 끼워 안쪽에서 제본테이프로 고정해요. 땋은 끈을 이 두 분할핀에 감아 명함집을 여며요.

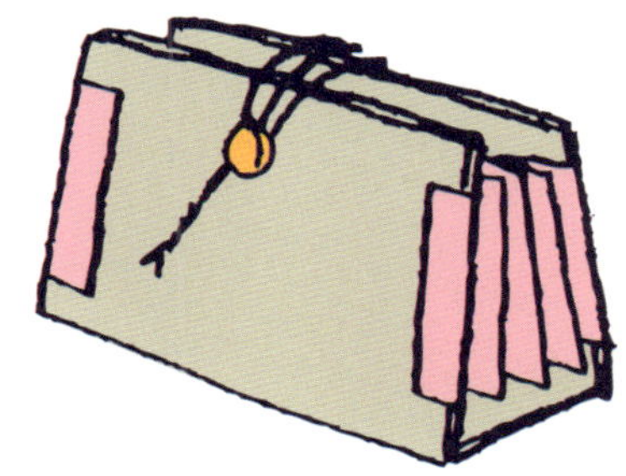

Filing Item

28

납작한 파일 케이스

구겨지면 안 되는 종이들을 모아둘 케이스가 있다면
얼마나 좋을까요?
고무줄로 여미는 이 케이스가 도움이 될 거예요.
크기도 원하는 대로 만들 수 있어요.

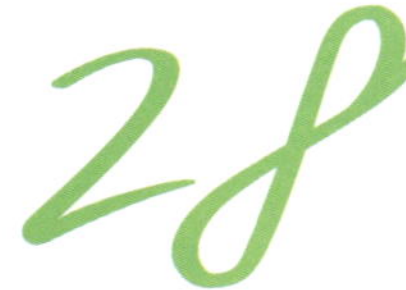

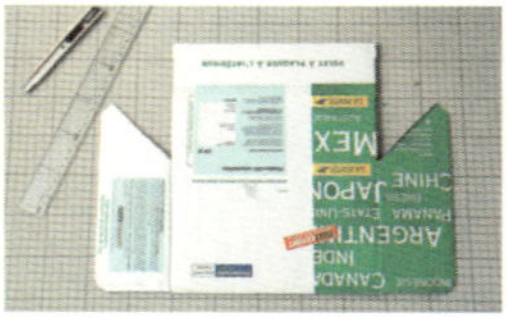

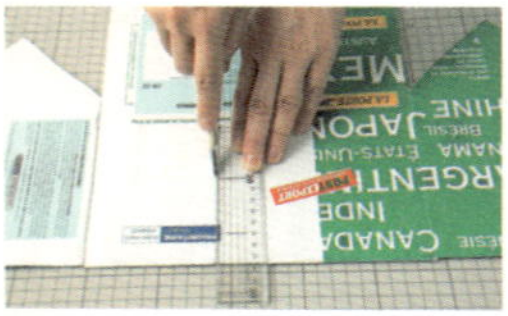

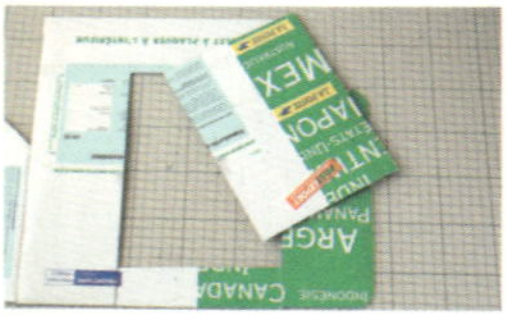

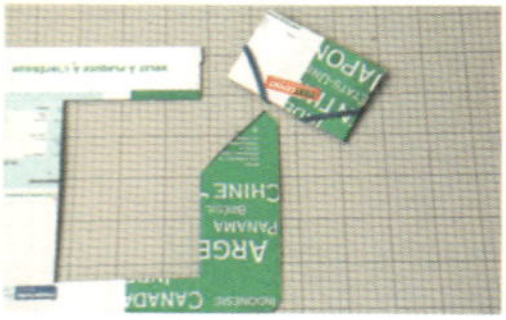

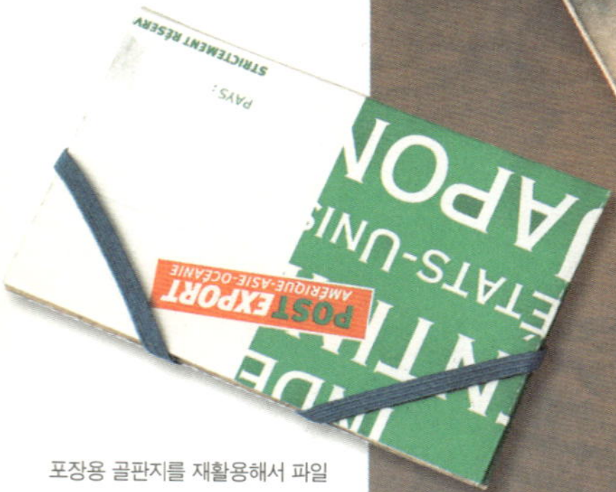

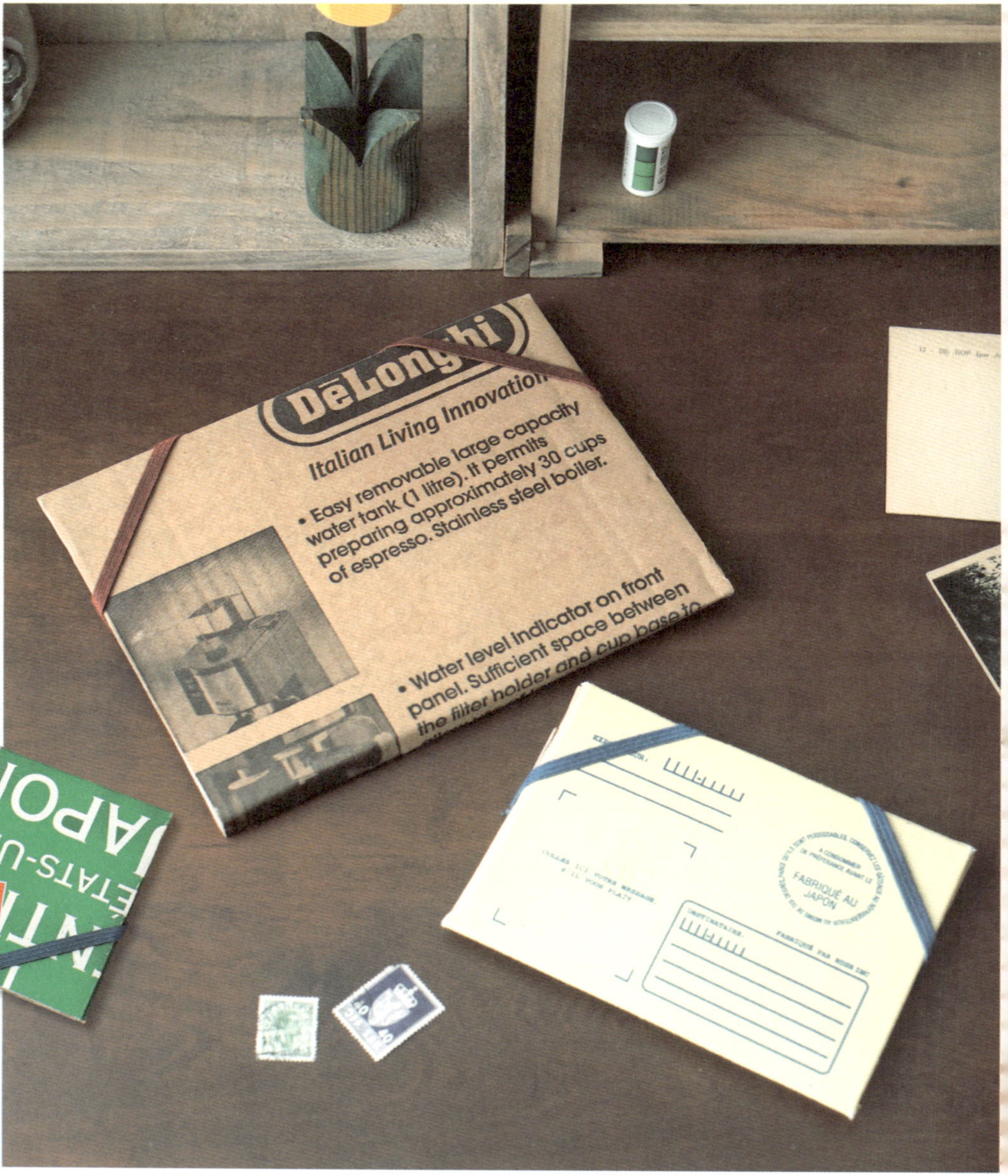

포장용 골판지를 재활용해서 파일
케이스를 만들어 보았어요.
어느 쪽 무늬를 사용할지, 즐거운
고민을 해보세요.

29

봉투 정리함

우표나 차표 등 작고 구겨지기 쉬운 것들을
넣어두는 정리함이에요.
영수증이나 잃어버리기 쉬운 종이를
일시적으로 정리할 때 활용해 보세요.

28

납작한 파일 케이스

준비할 재료
판지 혹은 골판지
(포장 상자를 재활용해도 돼요)
고무줄
아일렛펀치
송곳

1
골판지나 판지를 준비해요.

※ 인쇄된 면을 이용해도
괜찮아요.

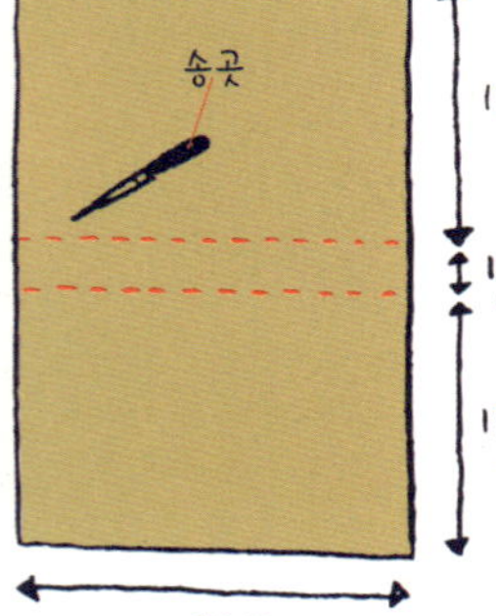

2
왼쪽 그림과 같은 크기로 잘라
접을 선에 송곳으로 자국을
내요.

※ 크기는 내용물에 맞춰서 자유
롭게 설정하세요.

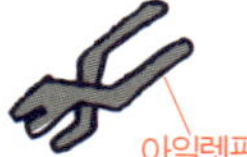

3
아일렛을 네 군데에 박아
요. 오른쪽 그림과 같은 위
치에 박으면 무난해요.

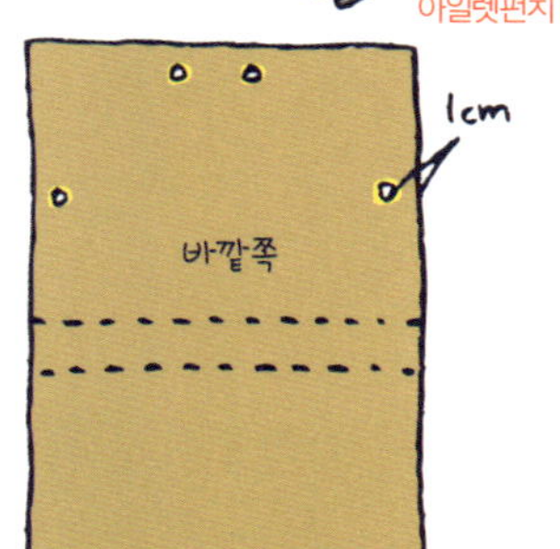

4
38cm의 고무줄을 준비해 아일렛 구멍에 끼워 빠지지 않도록 안쪽에서
매듭지어요.

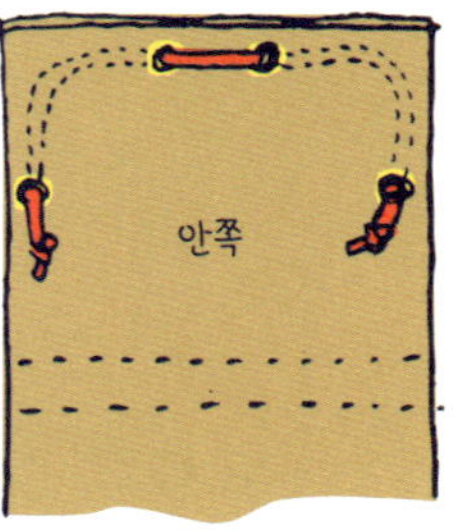

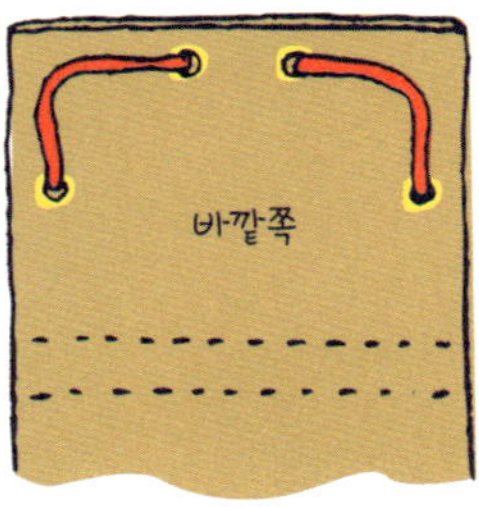

5
본체를 반으로 접어 고무줄을 걸면
완성이에요.

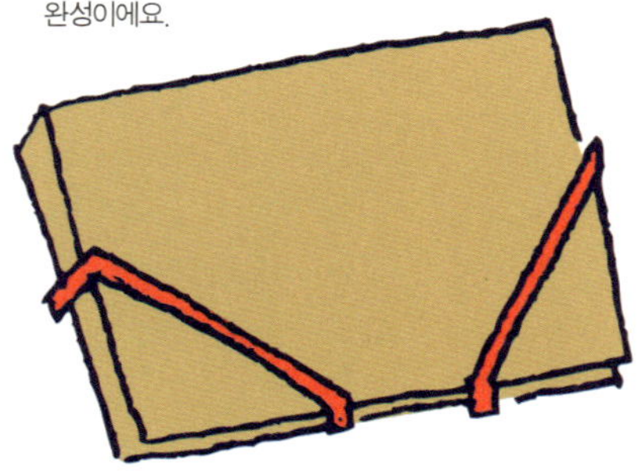

29
봉투 정리함

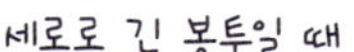
🐛 준비할 재료

봉투
땋은 끈(만드는 방법 p.30)
판지
펀치
커터 칼

세로로 긴 봉투일 때

1
봉투의 뒷면을 그림과 같이 잘라내요.

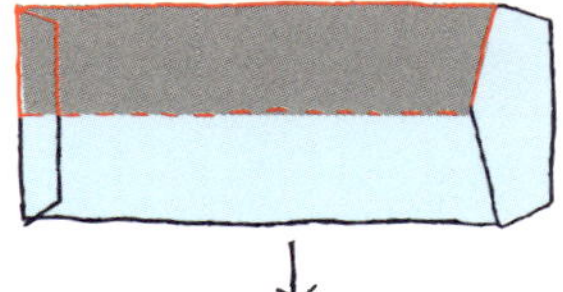

2
본체를 반으로 접어요.

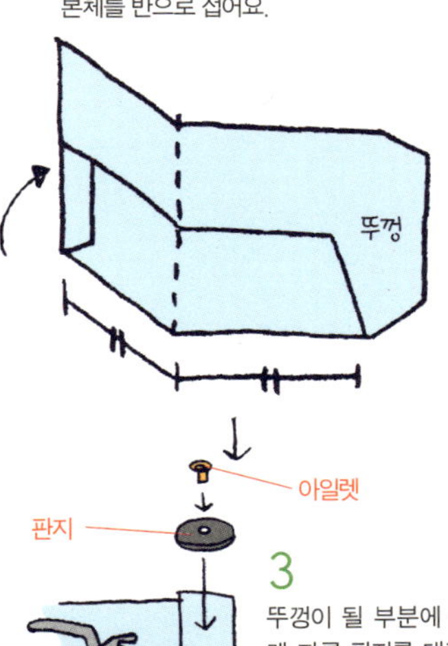

3
뚜껑이 될 부분에 둥글게 자른 판지를 대고 아일렛을 박아요.

가로로 긴 봉투일 때

1
가로로 긴 봉투의 뚜껑 부분을 잘라내요.

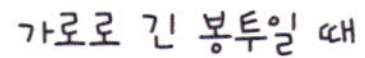

2
그림과 같은 크기로 본체와 뚜껑 부분을 만들어요.

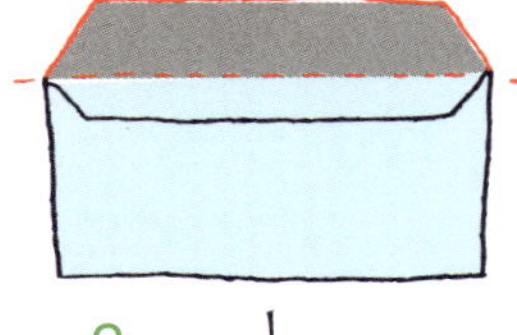

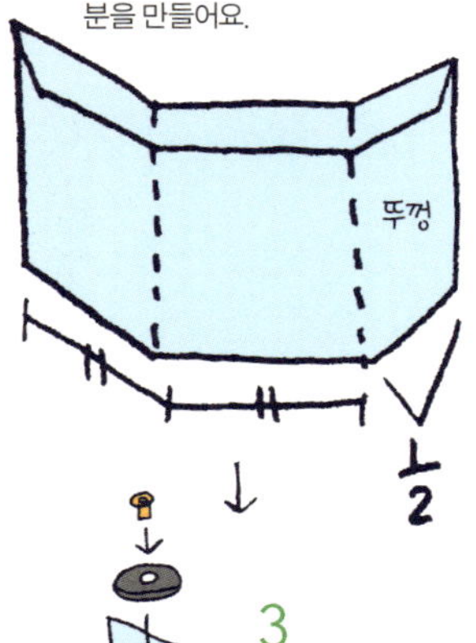

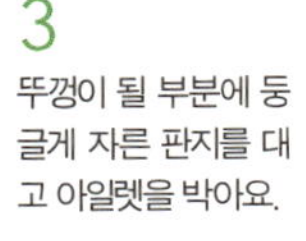

3
뚜껑이 될 부분에 둥글게 자른 판지를 대고 아일렛을 박아요.

4
아일렛을 박은 판지에 땋은 끈을 묶어요. 끈으로 본체를 한 바퀴 감고 나서 다시 판지를 감아 고정해요.
땋은 끈은 약 35cm 정도의 길이로 준비하세요.

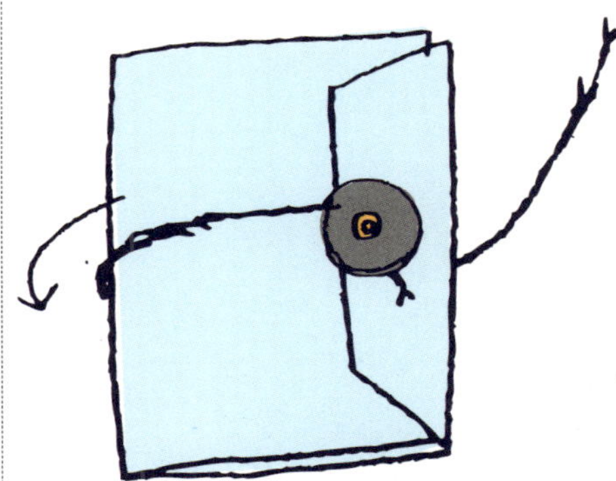

세로로 긴 봉투

가로로 긴 봉투

투사지로 만든 우표집

투사지로 우표집을 만들었어요.
비치는 종이라서 우표 찾기도 쉬워요.
우표 크기에 상관없이 정리할 수 있어
사용하기도 아주 아주 편리하답니다!

31

투사지로 만든 엽서집

우표집을 좀 더 크게 만들면 엽서집이 돼요.
엽서나 편지봉투를 깨끗하게 정리할 수 있지요.
반투명한 컬러 투사지를 쓰면
더욱 감각적으로 보인답니다.

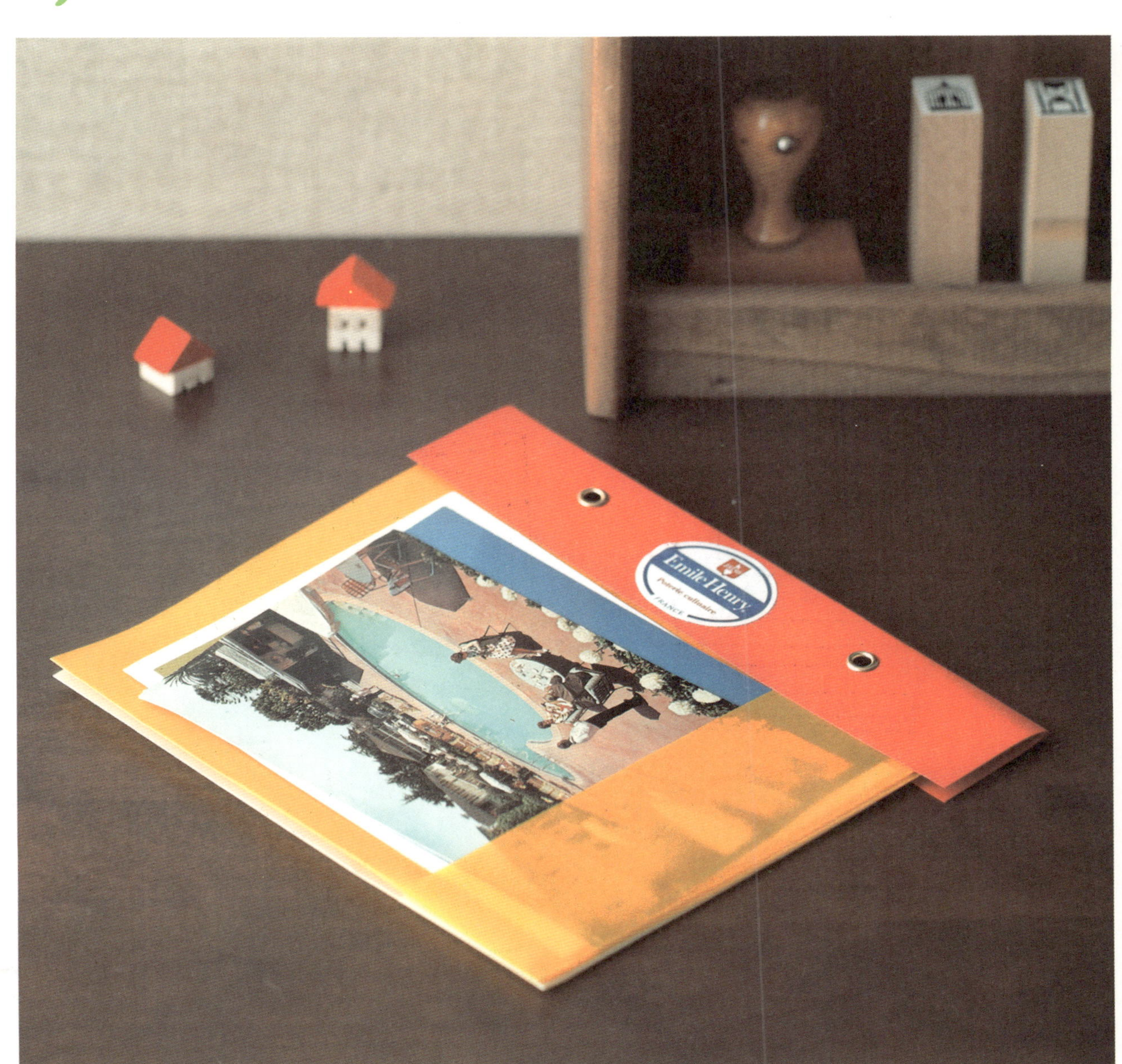

30

투사지로 만든 우표집

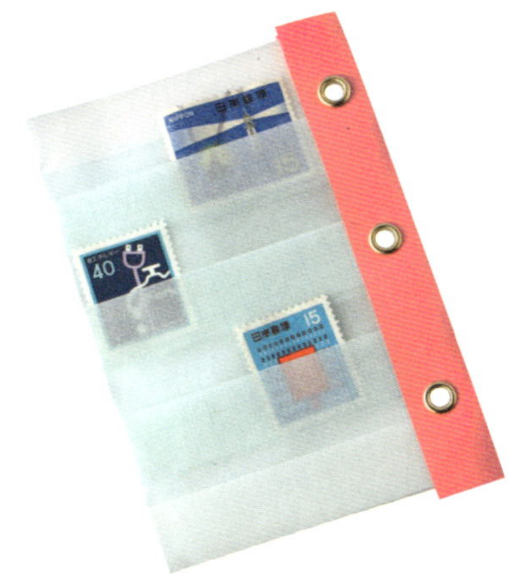

🩺 준비할 재료)
투사지(A4 크기)
컬러 켄트지
아일렛펀치
가위
스테이플러

1

A4 크기의 투사지를 아래 그림과 같이 병풍 모양으로
접어요.

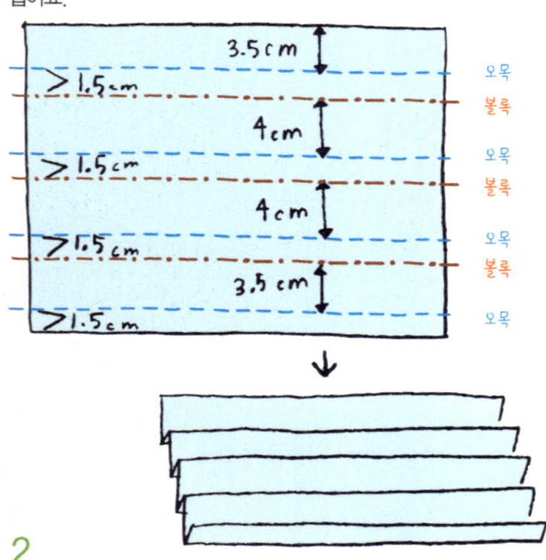

2

접은 종이를 반으로 접고, 다시 바깥쪽으로 접어요.

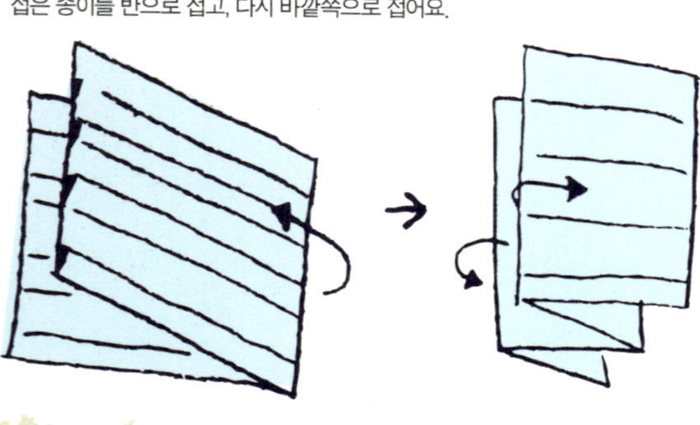

3

2에서 만든 투사지의 등 쪽에 스테이플러로 철심을 박아요.
컬러 켄트지로 등 부분을 감싸고 아일렛으로 고정해요.

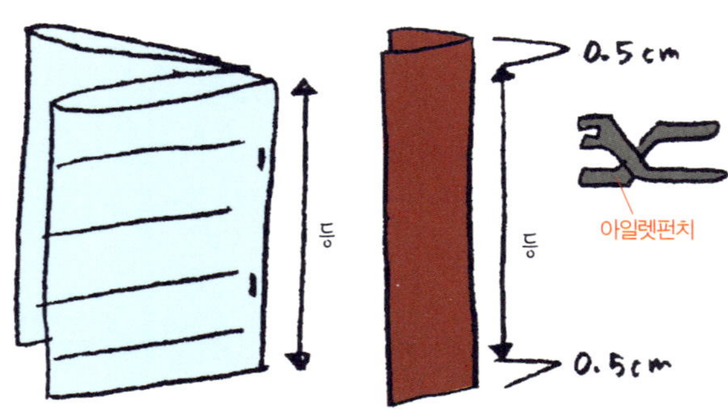

4

투사지를 접어서 만든 칸
에 우표를 끼워 넣어요.

31

투사지로 만든 엽서집

🐾 준비할 재료
컬러 투사지(A4 크기)
컬러 켄트지
아일렛펀치
가위
스테이플러

1

A4 크기의 투사지를 원하는 쪽수
만큼 준비해요. 밑으로부터 4.5cm
정도 떨어진 부분을 오목 접기해요.

4.5cm

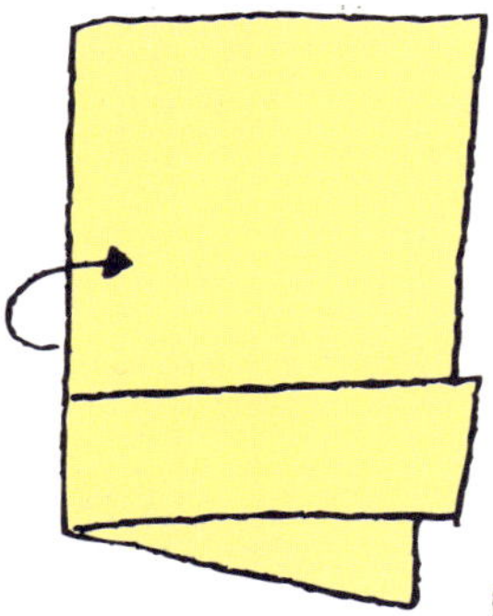

2

1에서 만든 투사지를 반으
로 접어요. 여러 장을 합해
스테이플러로 철해요.

3

우표집처럼 투사지의 등을
컬러 켄트지로 감싸고 아일
렛을 박아요.

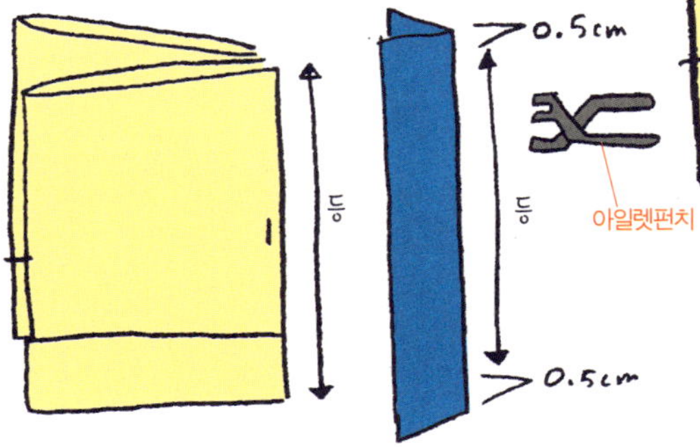

등

등

0.5cm

0.5cm

아일렛펀치

4

투사지가 접혀 있는 부분에 엽서를 끼워
정리하면 완성이에요.

BY AIR MAIL
PAR AVION
PRIORITAIRE
1
2
3
4
5
1
2
3
4
5

Filing Item

32

슬라이드 카드 케이스

철해서 만든 카드 집을 슬라이드화 하여
안에 들어 있는 카드를 꺼낼 수 있게 만들었어요.
색색의 봉투로 만들면 구분하기도 좋고 예뻐 보이기까지 해요.
카드 정리에는 아주 기능적인 아이템이지요.

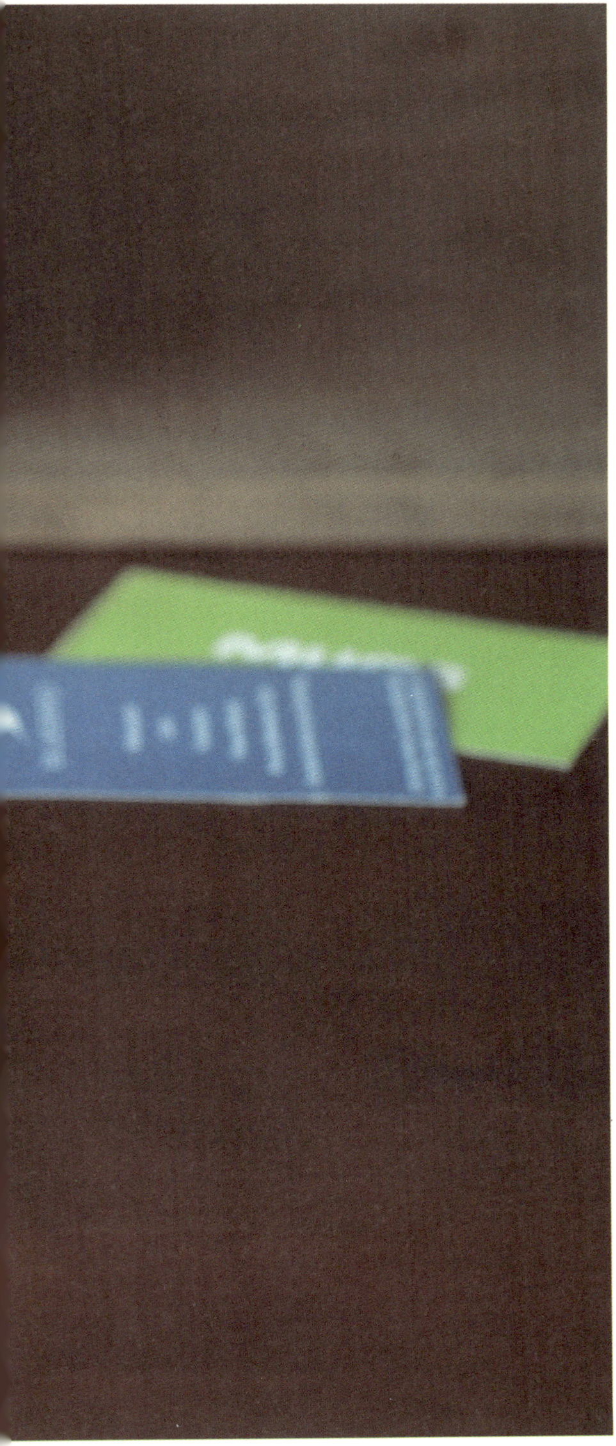

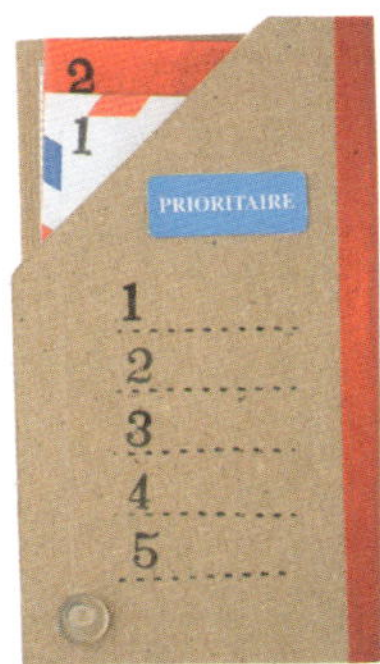

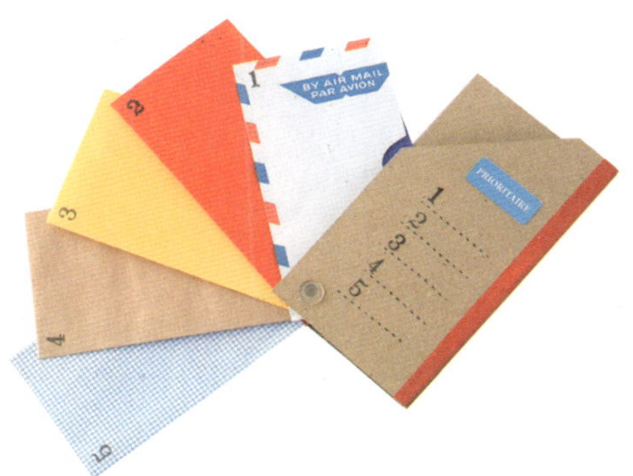

32

슬라이드 카드 케이스

준비할 재료

판지
봉투 5~6매
조이개(플라스틱 패스너)
제본테이프
가위
커터 칼

펀치
송곳
스탬프
룰렛

1

5~6매의 봉투를 6cm의 높이에서 주머니 모양으로 잘라내요. 폭(A)이 비슷하다면 다 쓴 봉투도 좋고, 색깔이나 무늬가 제각각인 봉투도 좋아요. 안에 든 카드를 쉽게 뺄 수 있도록 그림과 같이 테두리를 오려내요.

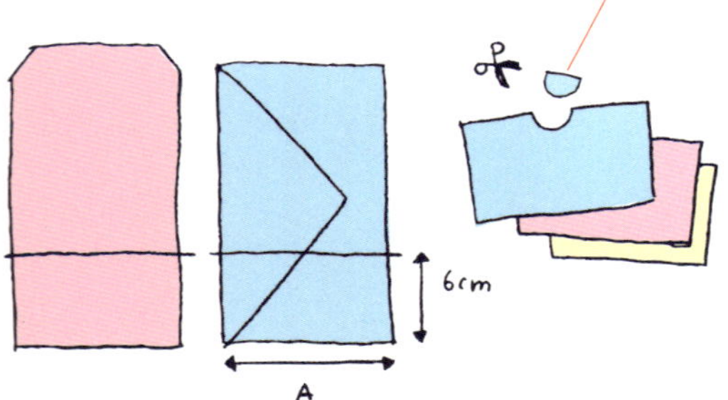

2

판지로 표지를 만들어요. 높이는 봉투 크기에 맞춰서 그림과 같이 잘라요. 송곳으로 접을 선에 자국을 내요. 모서리 한군데를 비스듬하게 잘라요.

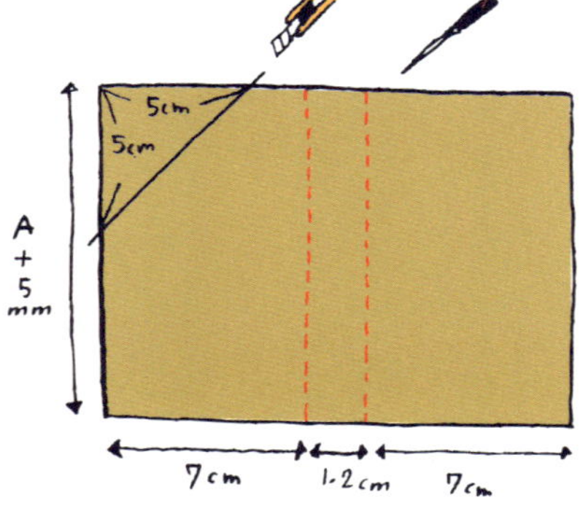

3

봉투를 겹쳐놓고 구멍을 뚫어요. 송곳으로 표시를 해가며 2~3장씩 뚫으세요. 표지도 같은 위치에 구멍을 뚫어야 해요.

※ 한꺼번에 뚫기는 어려워요. 송곳으로 자리를 표시해 가며 여러 번 나누어 뚫으세요.

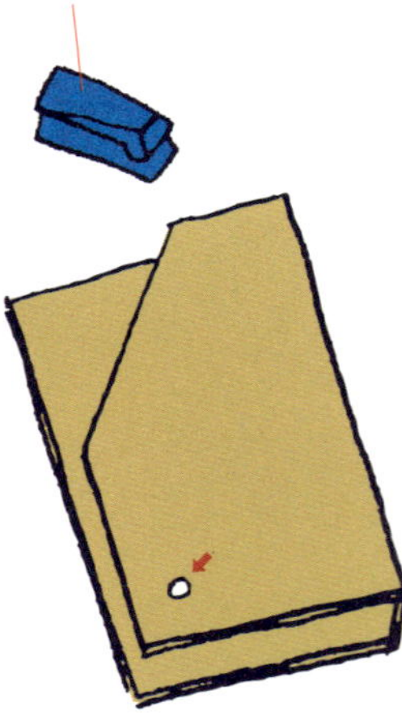

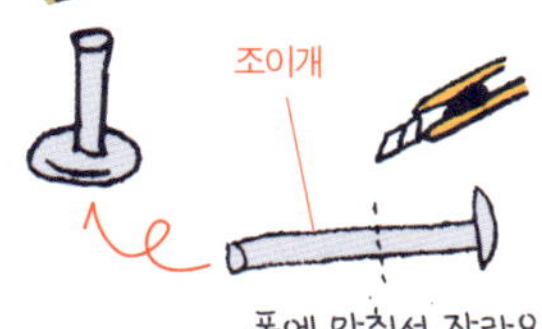

4

구멍에 조이개를 끼워 고정해요.
조이개는 크기에 맞게 잘라서
사용하세요.

5

등 부분에 제본테이프를 붙여요

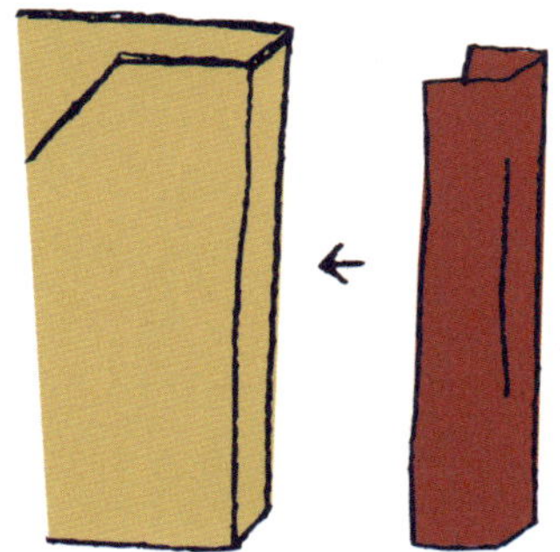

6

봉투에 숫자 스탬프를 찍어요. 봉투 안에 무엇이 들었는지
알 수 있게 표지에 목록을 작성해요. 룰렛으로 점선을 찍고
그 위에 숫자 스탬프를 찍으면 편해요.

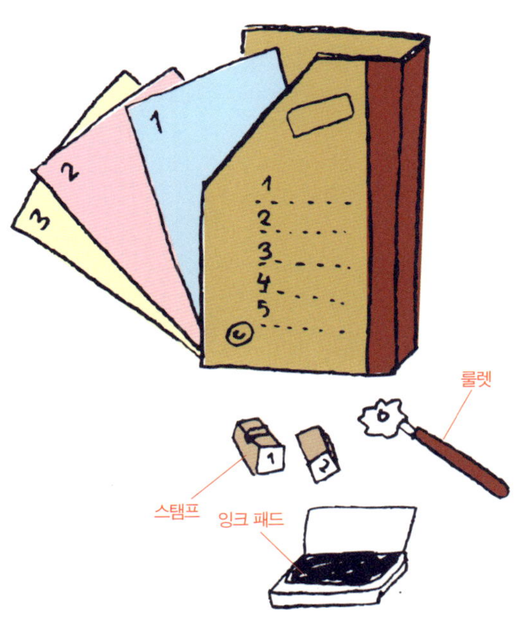

참신한 발상과 감각은 어디에서 올까?

이것이 『SUBURBIA SUITE』이다.

그리고 유독 영화음악을 좋아했어요. 특히 즐겨 듣던 곡은 엘머 번스타인(Elmer Bernstein) 의 < 사일렌서(The Silencers,1966)> 였어요. 그리고 역시나 엘머 번스타인이 참여한 < 황금팔을 가진 사나이(The Man With The Golden Arm, 1955)> 를 계기로 영화 타이틀 백(title back. 텔레비전 드라마나 영화 등의 시작 부분에 나오는 제목, 배역, 스태프에 관한 자막의 배경이 되는 화면-옮긴이) 과 미술에 관심을 갖기 시작했지요. 솔 바스(Saul Bass) 라는 그래픽디자이너도 그때 알게 되었어요. 솔 바스는 <80 일간의 세계 일주(1956)>, < 현기증(1958)>, < 그랑프리(1966)> 등 수많은 영화의 오프닝 영상을 만든 사람이에요. 영상과 음악이 최고의 타이밍에서 딱 맞아 들어가는 타이틀 백은 몇 번을 보아도 질리지 않았어요. 오히려 본편보다도 재미있었지요.

대학생 시절에 레코드판이 닳도록 음악을 듣던 적이 있었어요. <SUBURBIA SUITE> 라는 레코드 잡지사에서 안내책자 만드는 일을 도와주던 때였지요. 재즈, 라틴, 이탈리아나 프랑스의 영화음악……. 참 열심히도 들었답니다. 그런데 음악도 음악이었지만, 다양한 장르의 다채로운 재킷들을 보다 보니 색감, 구성, 서체 등 각종 그래픽 요소들이 눈에 들어오기 시작했어요. 급기야는 앨범 재킷을 찾아다니기 시작했지요. 수천 장의 레코드 중에서 원하는 디자인의 재킷을 발견했을 때의 기쁨이란……. 그리고 그 레코드판에 바늘을 올려놓았을 때 상상하던 바로 그 음악이 흘러나오기라도 하면……. 지금 생각해 봐도 소름이 돋을 정도로 당시에는 음악과 그래픽의 융합에 푹 빠져들었어요.

그런 영향을 받아 졸업할 무렵에는 16 ㎜ 필름으로 영화 타이틀 백을 직접 만들어 보기도 했어요. 영화는 제 모든 감각의 표본이었지요. < 나의 삼촌(Mon Oncle)> 의 실내장식이나 < 파리의 연인> 의 패션 등 영화의 '작은 소재'를 참으로 좋아하는 저는 스케치를 하면서 영화를 볼 때가 잦았어요. 그런 식으로 수없이 많은 양질의 디자인을 보아온 경험이 지금의 저를 만들었다고 할 수 있지요.

물론 일상생활에서도 영향을 받아요. 바다에 갔을 때 친구의 발톱에 그려진 민트색 페디큐어와 갈색 비치샌들의 조화라든가 여행지에서 본 건물의 차양텐트의 디자인, 과일가게에 진열된 과일의 색상……. 우리 주변에는 그야말로 디자인의 조각들이 넘쳐 흐르고 있어요.

얼핏 관계가 없어 보이는 요리책이나 오래된 건축책에서도 잡화의 아이디어가 떠올라요. 무언가 형태를 갖춘 아이디어라기보다는 여러 가지 요소가 하나로 섞였다가 추출되어 나오는 느낌이랄까요? 마치 여러 원두를 섞어서 커피를 추출해 마시는 것처럼 말이에요. 커피 애호가인 저는 '디자인 하는 과정'이 '커피를 추출하는 과정'과 다르지 않다고 생각해요. 아마 그래서 제 마음을 움직이는 것들을 그때마다 모아 두는지도 모르겠어요.

저는 '예쁜 물건들'이라고 이름을 붙인 파일에 과자 스티커나 우편물에 부착되어 있던 라벨, 귀여운 로고 등을 모아 두어요. 이것들은 수집품이면서 동시에 공예품의 재료이기도 하고, 디자인의 견본품이기도 해요.

그런 이유로 오늘도 저는 예쁜 물건을 사냥하러 나갑니다.

자매가 주고받은 편지들

이번에는 제 여동생이자 판화 삽화전문가인 우다가와 신분과 왕복 서신에 도전해 보았어요.
동생의 판화에는 귀여움은 물론이고 이따금 깜짝 놀랄 재치가 감춰져 있어요.
그런 동생이 어떤 답장을 보낼지, 은근히 기대가 되었어요.
지금부터 함께 확인해 보실래요?

우다가와 신분
(宇田川 新聞)

Profile

1971년 도쿄 출생. 목판화 삽화전문가. '신분'('신문'을 뜻한다)이라는 펜네임은 메이지(明治) 시기의 목판 신문에 실린 풍속화에서 따왔다. 잡지, 도서 삽화, 표지 그림 등의 분야에서 활약하고 있다. 목판화로 미니 책과 장서표(藏書票)를 제작하기도 했다.

손수 만든 우편물을 보냈답니다

'동생에게 직접 편지지를 만들어 보낸다면 어떤 답장이 돌아올까?' 약간의 호기심이 발동하여 이번 기획에 도전해 보았어요. 제가 먼저 궁리 끝에 편지를 보내면 동생이 답장하는 식이었지요. 저는 파르메산 치즈 용기와 멜론 모양의 용기를 이용해 편지를 보냈어요. 가장 독특한 편지는 아마 종이비행기일 거예요.

동생은 판화 삽화전문가여서 예술가 느낌이 나는 편이에요. 그런 여동생이 어떤 편지를 보내올지 내심 기대가 되었지요.

재치나 익살을 좋아하는 동생은 제가 보낸 편지를 힌트로 기묘하면서도 재미있는 답장을 보내왔어요. 그 하나하나의 설명도 '아하 그렇구나!' 하고 이해가 가는 것들뿐이었지요.

그런데 동생에게는 그리 쉬운 일만은 아니었나 봐요. 저는 여섯 통을 보냈는데 답장은 네 통 뿐이었거든요. 하지만 동생도 아주 즐거워했을 거예요.

카망베르 치즈 상자에 치즈의 라벨을 붙인 여섯 쪽의 삼각형 편지
가 들어 있어요. 우표와 주소는 상자에 붙였답니다.

편지 내용 :

"상자는 소품을 넣는 데 사용해!"

파르메산 치즈 용기 안에 둥근 빨대를 꽂아 고정해 둔 편지가 들어
있어요.

편지 내용 :

"이래 봬도 디자이너가 준 치즈 상자라고."

컬러 켄트지를 접어 만든 튼튼한 종이비행기예요. 벌어지지 않도록
셀로판테이프로 틈을 완전히 막았어요. 안에 한 쌍의 종이 인형도
들어 있어요.

편지 내용 :

"신혼여행 잘 다녀와~."

멜론 젤리가 들어 있던 용기 안에 금색 리본으로 묶은 편지를 넣었
어요. 주소는 꼬리표를 달아 따로 적었지요.

편지 내용 :

"미안하지만 젤리는 없고 편지만 있단다.
아~ 향기 좋다. 원한다면 깨물어 봐!"

동생 신분이 보낸 편지

네모난 창문이 나 있는 둥근 판지가 5장 겹쳐져 있어요. 나사로 고정했네요. 하나씩 펼치다 보면 편지가 나와요. 맨 밑에는 판화 삽화가 붙어 있어요.

편지 내용 : :

"둥근 카망베르 치즈에 대한 답장이야. 둥근 편지지가 태극권의 원운동을 하는 것 같지 않아? 이건 말치즈(말티즈 ^^)."

작은 서랍 안에 죽순 껍질로 감싼 편지가 들어 있어요. 덤으로 호두도 하나 들어 있네요.

편지 내용 :

"둥근 파르메산 치즈에 대한 답장이야. 나도 뭔가 둥글게 만들고 싶었는데 어쩌다 보니 김밥 말 듯이 돌돌 말린 편지가 태어났어!"

봉투 안에는 전통 복장인 핫피(法被. 주로 상인이 상점이나 물건을 알리기 위해 입는 옷)가 들어 있어요. 핫피가 전하는 핫피(해피 ··)메일이라나요?

편지 내용 :

"비행기 편지를 보니 나도 종이접기를 응용하고 싶어졌어. 핫피와 HAPPY, 발음도 비슷하잖아?"

판화가 뚜껑 역할을 하는 상자 안에서 정체를 알 수 없는 물건이……. 알고 보니 미라처럼 변해버린 생강이라네요.

편지 내용 :

"멜론 향만 나는 편지에 대한 답장이야. 내 책상 위에 약 1년간 방치해 둔 생강이 있는데, 바싹 마르기는 했어도 향은 가시지 않았기에 같이 보내. 화선지에 인쇄한 판화는 이 생강의 1년 전 모습이야. 작품 소재였거든."

Appendix & Paper Pattern

종이본과 부록

이 책에 소개한 아이템 가운데 몇 점의 본과 도안을 소개할게요.

직접 오려 써도 되고 복사해서 사용해도 돼요.

부록을 참고로 나만의 독특한 도안을 생각해 보세요.

여러 가지 도안으로 예쁜 아이템을 만들어 보세요.

Message Item 12

막대 꽃 카드

만드는 방법 p.38

검은 실선을 따라 자르세요.

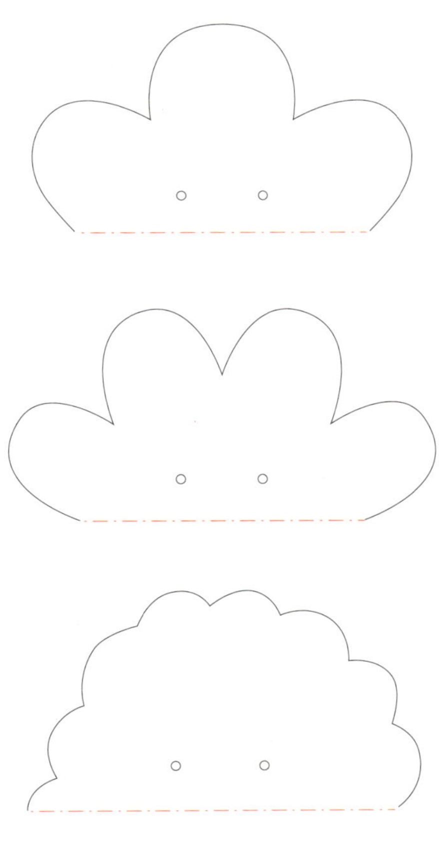

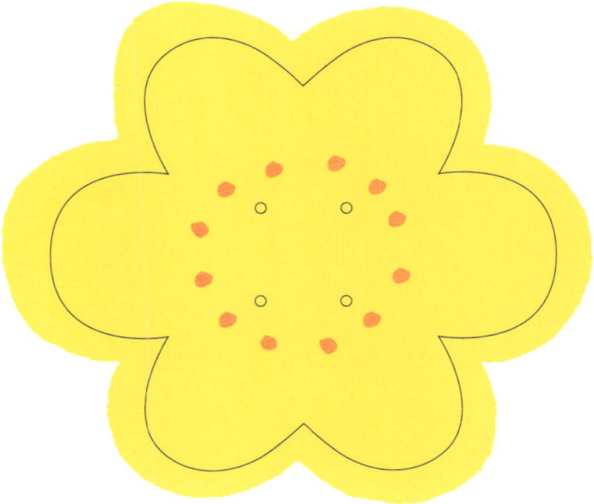

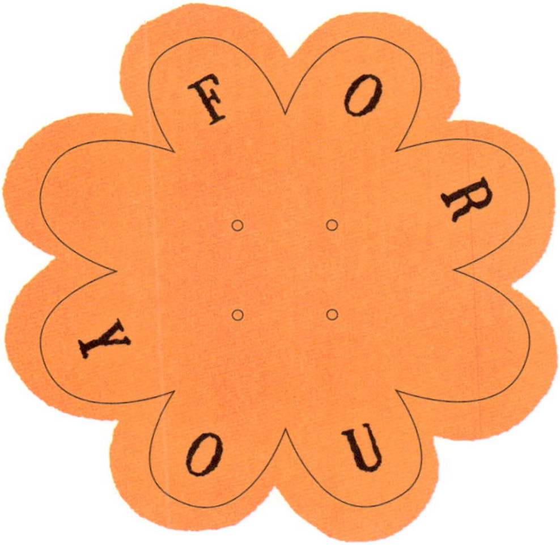

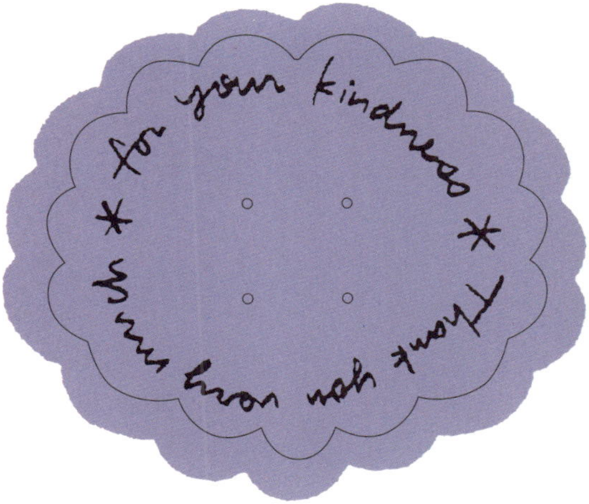

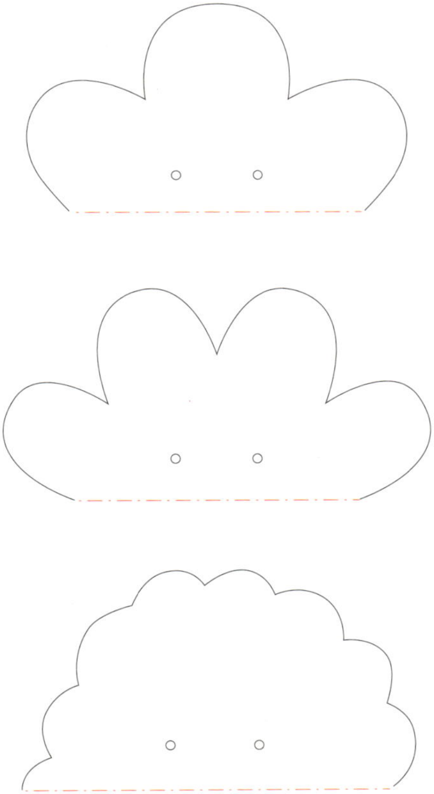

↑ 종이 본

다른 종이로 만들 때는 이 종이로 본을 뜨세요. 종이를 반으로 접어 종이의 접은 선과 본의 빨간 점선을 맞춰서 자르면 돼요. 본은 100%로 복사하세요. 두 원은 펀치로 구멍을 뚫는 자리예요.

Message Item 13
과일 입체 카드
만드는 방법 p.38

검은 실선을 따라 자르세요.

메시지 클립

만드는 방법 p.39

검은 실선을 따라 자르세요.

← 종이 본

다른 종이로 만들 때는 이 종이로 본을 뜨세요. 종이를 반으로 접어 종이의 접는 선과 본의 빨간 점선을 맞춰서 자르면 돼요. 본은 100%로 복사하세요.

※ 제비 본은 p.90을 참조하세요.

종이 본 →

팝 업 메시지

만드는 방법 p.39

검은 실선을 따라 자르세요.

빨간색 점선은 볼록 접기, 하늘색 점선은 오목 접기 하세요. 점선이 그려진 면이 뒤로 와야 앞에서 볼 때 깔끔해요.

↓ 종이 본

다른 종이로 만들 때는 이 종이로 본을 뜨세요. 종이를 반으로 접어 종이의 접은 선과 본의 빨간 점선을 맞춰서 자르면 돼요. 본은 100%로 복사하세요.

※ '만드는 법' 의 점선과 본의 점선 색깔이 일부 다르니 주의하세요.

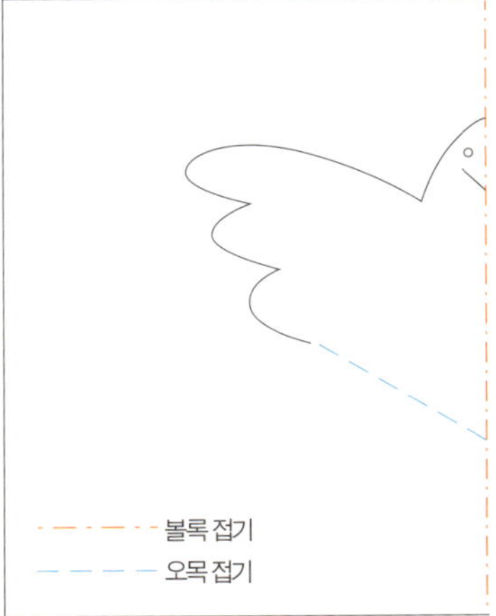

※ 새싹 본은 p.92를 참조하세요.

볼록 접기
오목 접기
종이 본

동물 메신저

만드는 방법 p.54

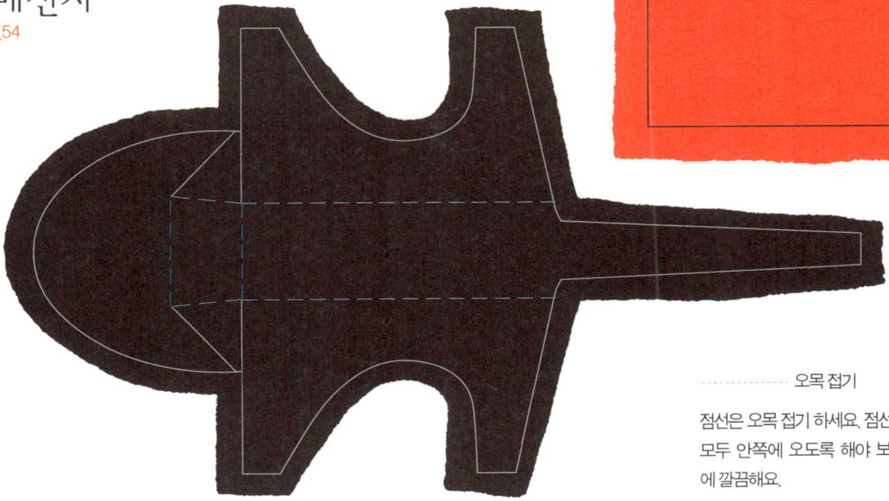

------------- 오목 접기

점선은 오목 접기 하세요. 점선이
모두 안쪽에 오도록 해야 보기
에 깔끔해요.

검은색과 흰색 실선을 따라 오려주세요. 점선 부분
은 접어주세요.

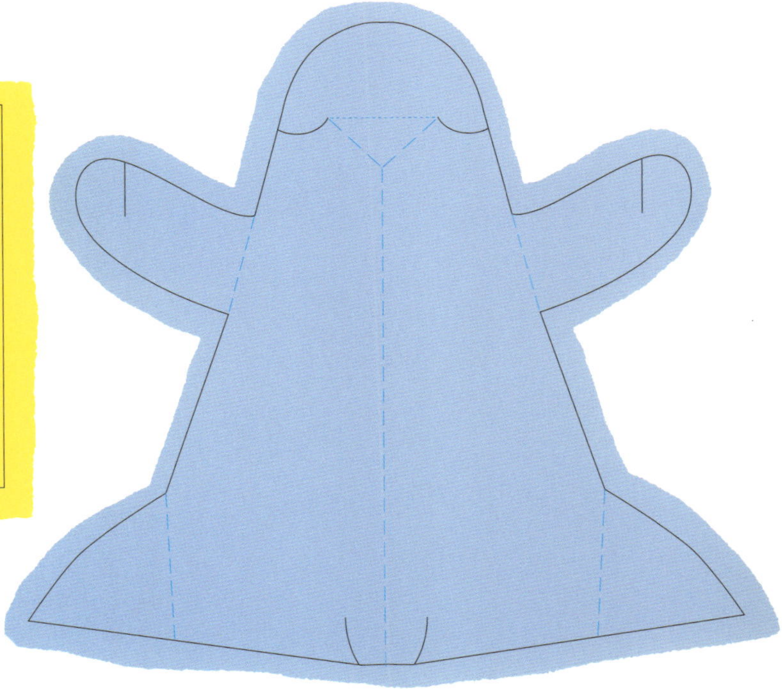

최근 들어 선물을 받고 답례장을 쓸 기회가 몇 번 있었어요. 그런데 일에 쫓기다 보니 감사 인사조차 제대로 하기가 어려웠어요. 어찌어찌 하는 동안에 시간이 흘러 뒤늦게 답례장을 보내기도 어려웠지요.

감정을 표현하는 데도 '때'가 있더군요. 이따선 바쁘다는 핑계로 그때를 놓쳐버리면 상대방에게도 미안한 마음이 들고, 자신에게도 두고두고 후회돼요.

그러니 여러분은 '때'를 놓치지 말고 정성을 담아 자기 마음을 바로바로 전했으면 해요. 그렇게 하면 관계도 더욱 돈독해질 거예요. 물론 저부터 실천해야 할 말이지만요.

일상생활이든 일이든 사람과 엮이지 않는 순간이 없지요. 이왕이면 서로 기분 좋게 지내는 편이 좋겠지요? 이 책이 그런 부분에서 도움이 되었으면 합니다.

우다가와 가즈미
(宇田川 一美)

1970년 도쿄에서 태어나 무사시노 미술대학을 졸업하고, 잡화 제품 디자이너로 근무하면서 상품기획에서 상품 진열에 이르기까지 잡화 전반에 걸쳐 경력을 쌓았다. 현재는 프리랜서로 전환하여 잡화 기획 디자인, 도서와 잡지 등의 삽화 작업을 중심으로 활동하고 있다.
저서로는 《손으로 만드는 문방구》가 있다.
http://www.udagawa-file.com/

KIMOCHI WO TSUTAERU TEDUKURI BUNBOGU
© KAZUMI UDAGAWA 2008
Originally published in Japan in 2008 by Ikeda Publishing Co., Ltd.
Korean translation rights arranged through TOHAN CORPORATION, TOKYO.,
and EntersKorea Co., Ltd.SEOUL

일상이 즐거워지는
팬시용품 만들기

1판 1쇄 2011년 1월 10일

지은이 우다가와 가즈미 옮긴이 김현영
펴낸이 정연금 펴낸곳 멘토르
기 획 이수정, 김미숙, 전정아, 여성희, 문진주
표지 및 본문 디자인 블루메
마케팅 이운섭, 나길훈 경영지원 이동영
등록 2004년 12월 30일 제302-2004-00081호
주 소 서울시 마포구 서교동 366-10번지 창원빌딩 3층
전화 02-706-0911 팩스 02-706-0913
http://www.mentorbook.co.kr
Twitter @mentorbook

ISBN 978-89-6305-071-3 13630

· 책값은 뒤표지에 있습니다.
· 잘못된 책은 구입한 곳에서 교환해 드립니다.